W0033543

Judy und Larry Elsden

# Die zweite Chance

Dein Hund aus dem Tierheim!
Was jeder wissen muß!

KYNOS VERLAG
Mürlenbach

# Inhaltsverzeichnis

Impressum: © 1996 KYNOS VERLAG Dr. Dieter Fleig GmbH
Am Remelsbach 30, D-54570 Mürlenbach/Eifel
Telefon: 06594 / 653 - Telefax: 06594 / 452

ISBN-Nr.: 3-929545-35-7

Englischsprachige Originalausgabe:
The Second Chance
Living with a rescued dog
Ringpress Books Ltd., Lydney / Gloucestershire, England 1994

Übersetzung: D. und H. Fleig
Titelfoto: Uta Bresan, Moderatorin der Fernsehserie *"tierisch - tierisch"* im MDR
Titelgestaltung: H. Wolter

Herstellung: Ringpress Books Ltd.
Printed and bound in Singapore

Alle Rechte vorbehalten. Kein Teil dieses Buches darf nachgedruckt, in ein Mediensystem
aufgenommen oder übertragen werden, ohne vorherige schriftliche Genehmigung des Verlages.

# Zum Geleit

Wie oft machen wir Menschen Fehler, die wir hinterher zutiefst bereuen; oder es ereilt uns ein schwerer Schicksalsschlag, mit dem wir allein nicht fertig werden.

Gott sei Dank finden wir in solchen schwierigen Zeiten Freunde, die uns helfen, nicht daran zu verzweifeln, indem sie uns ihre Liebe und Zuwendung schenken.

Aber nicht nur wir Menschen empfinden Freude und Schmerz, sondern auch Tiere. Leider können sie diese Empfindungen uns gegenüber sprachlich nicht artikulieren, was sie sichtlich benachteiligt.

Andererseits gehört nicht viel dazu, die Signale zu erkennen - wenn man sie erkennen will.

Ich persönlich kann mich nicht in Menschen hineinversetzen, die mit Tieren skrupellos umgehen, sie quälen, aussetzen bzw. ihre Hilflosigkeit ausnutzen. Dafür fehlt mir jegliches Verständnis.

Wer so etwas tut, hat in meinen Augen keine Achtung vor dem Leben in seiner Gesamtheit! Erschreckenderweise ist die Zahl derer beängstigend hoch.

Durch meine Sendung *"tierisch - tierisch"* sehe ich wöchentlich so viel Leid in den Tierheimen, das Tieren zugestoßen ist, die ihre ungeteilte Liebe und Ergebenheit ihrem Frauchen oder Herrchen angeboten haben, aber von ihnen nur mißbraucht und weggeworfen wurden.

In den Augen, die mich durch die Gitterstäbe anschauen, steht es förmlich geschrieben - die Enttäuschung, die Traurigkeit und der Schmerz darüber. Es wäre mein größter Wunsch, daß diese Schicksale keine Tierheime mehr füllen oder überfüllen würden.

Judy und Larry Elsdens *"Die zweite Chance"* ist eine ideale Vorbereitung und Unterstützung für alle Hundefreunde, die einem Tierheimhund ein neues Zuhause geben möchten.

Bitte helfen Sie dabei mit, den Tierheimbewohnern den Glauben an uns Menschen zurückzugeben, indem Sie ihnen ein tierwürdiges Leben anbieten und auch an Ihrem persönlichen Leben teilhaben lassen.

Ich garantiere Ihnen schon heute: Sie werden dafür von Ihrem zukünftigen Liebling aus dem Tierheim tausendfach belohnt.

Uta Bresan

# Widmung

***Dem besten Freund des Menschen - dem Hund - und insbesondere all den Menschen, die ihm helfen, wenn andere versagt haben.***

# Danksagung

Nur Dank der Unterstützung und Hilfe einer großen Anzahl von Tierschutzorganisationen und um Hunde besorgter Tierfreunde war es uns möglich, dieses Buch zu schreiben.

Von Anfang an fanden wir eine außergewöhnliche Kooperation der Mitarbeiter in allen Bereichen des englischen *Wood Green Animal Shelters*. Keine Frage oder Bitte war zu schwierig, und wir sind für alle uns erteilte Hilfe sehr dankbar, auch für die Erlaubnis, viele der in diesem Buch enthaltenen Fotos zu veröffentlichen.

Besonders danken wir für Hilfe und Rat: *Battersea Dogs Home* und *David Cavill* in Ballmead, der sich trotz seines riesigen Tagesprogramms die Zeit nahm, alle unsere Fragen zu beantworten.

*Dogs for the Disabled* und *Hearing Dogs for the Deaf* für die Erlaubnis, ihre Fotos und Einzelfälle in dieses Buch einzubeziehen.

Zahllosen Hundezuchtvereinen und Rettungsorganisationen, insbesondere *Yorkshire Terrier Rescue, Rottweiler Wellfare* sowie *Leah* und *Harry Lovett.*

Wir bedanken uns besonders bei *Jilly Cooper,* die sich die Zeit nahm, über ihre Hunde zu erzählen, uns gestattete, ihr Foto mit ihren Hunden zu veröffentlichen. Unser besonderer Dank gilt auch *Loyd Grossman,* der uns erlaubte, die Geschichte seines Hundes Bally zu veröffentlichen und ein Foto von ihm mit Bally in dieses Buch einzubeziehen.

Abschließend schulden wir all jenen wunderbaren Menschen, die Tierheimhunde ein neues Zuhause gegeben haben, großen Dank. Sie nahmen uns mit in ihre Wohnungen, zeigten uns ihre Hunde, erzählten uns die Geschichten ihrer Erfolge, manchmal ihrer Fehlschläge, statteten uns mit Fotos aus und hießen uns stets willkommen. Ohne ihre Hilfe und Anregungen hätte dieses Buch nie geschrieben werden können.

Judy & Larry Elsden

# Vorwort

Tierschutz im allgemeinen und Tierheime im besonderen haben über mehr als 100 Jahre in unserer Gesellschaft eine sehr wichtige Rolle erfüllt. Die Unterstützung dieser Aufgabe durch die Öffentlichkeit erfolgt auf vielerlei Arten. Natürlich sind öffentliche Tierheime eine Notwendigkeit, spiegeln und klagen alle jene Elemente unserer Gesellschaft an, die es gestatten, daß immer mehr Welpen geboren werden als man in geeigneten Familien unterbringen kann.

Damit möchte ich nicht sagen, daß alle jene, die dies zulassen, verantwortungslos sind. Tatsache ist aber, daß es einen großen Überschuß an Tieren gibt, die - gleich aus welchen Gründen - letztendlich in die Obhut von Tierschutzorganisationen aufgenommen werden müssen. Die meisten Mittel, die für solche Tiere aufgewandt werden, stammen aus Geschenken oder Erbschaften, auch von all jenen Hundefreunden, die solchen unerwünschten Haushunden ein neues Zuhause bieten. Viele dieser Tiere sind Rassehunde; es ist einfach nicht wahr, daß es nur die Mischlinge sind, die nicht gewünscht und im Stich gelassen werden.

Das Buch von Judy und Larry Elsden unterstreicht für Menschen wie Hunde, einschließlich der Hilfsorganisationen einzelner Rassezuchtverbände, die Bedeutung, welche heutige Tierschutzorganisationen und ihre Heime haben.

Das Allerwichtigste aber: das Buch führt unter den entsprechenden Kapitelüberschriften einzeln die Überlegungen auf, die jeder anstellen muß, wenn er eines dieser Tiere als seinen neuen Lebensgefährten wählt.

*Die zweite Chance! Dein Hund aus dem Tierheim!* ist ein äußerst wichtiges Grundlagenbuch, für alle die Tierfreunde, die bereits Tierheimhunde in ihrem Haus aufgenommen haben, für andere, die solche Überlegungen anstellen, und für alle Organisationen und Züchter, die sich *des Menschen bestem Freund* hilfreich annehmen möchten.

Dieses Buch empfehle ich jedermann, der sich überhaupt für unsere Freunde, *die Hunde,* interessiert.

Graham Fuller,
Wood Green Animal Shelters.

*Sam, für den Wood Green Animal Shelters ein gutes neues Zuhause gefunden haben.*

# *Einleitung*

Als wir dieses Buch begannen, war es unsere Absicht, für bereits vorhandene und künftige Besitzer von Tierheimhunden einen nützlichen Ratgeber zu schreiben. Bei unserer umfangreichen Materialsammlung stellten wir fest, daß die ganze Frage der Tierheimhunde, der für notleidende Hunde arbeitenden Organisationen und der Menschen, die sich damit befassen, eine eigene, besonders wichtige Geschichte ist. Ein Teil dieses Buches wurde so abgefaßt, daß es zumindest einen kleinen Ausschnitt der tatsächlichen Geschehnisse vermittelt.

Das Schreiben dieses Buches bereitete uns eine bunte Mischung von Freude und Sorgen. Wir freuten uns über alle die fröhlichen Hunde und wunderbaren Hundebesitzer, die wir trafen, mit denen wir sprachen. Sorgen bereitete uns eine lange Liste von Fällen der Vernachlässigung und Grausamkeit, auf die wir immer wieder stießen. Wenn wir aber durch Schreiben dieses Buches denen helfen können, die eine so wunderbare Leistung vollbracht haben, Tierheimhunden ein fröhliches und liebendes Zuhause zu bieten, wenn wir andere Hundefreunde davon überzeugen, ihnen nachzueifern, dann hat dieses Buch seine Aufgabe erfüllt!

Judy & Larry Elsden

*Kapitel 1*

# *Hunde, die Hilfe brauchen*

## WAS IST EIN TIERHEIMHUND?

Für viele Hundefreunde ist das Zusammenleben mit einem Hund eine der größten Annehmlichkeiten des Lebens. In aller Regel ist es mehr Lebensgemeinschaft als Besitz. Für viele von uns erhebt sich die Frage, ob wir unseren Hund besitzen oder der Hund uns. Ist der eigene Hund ein Tierheimhund, hat man die zusätzliche Befriedigung zu wissen, daß man seinem Hund - nachdem sich der Vorbesitzer aus den verschiedensten Gründen als unfähig erwies, ihm ein Zuhause zu bieten - eine zweite Lebenschance schenkt.

Dieses Buch befaßt sich mit dem Besitz ganz besonderer Hunde. Dieser Hundetyp tritt in allen Rassen auf, in einigen Rassen mehr als in anderen, man findet ihn auch bei Kreuzungen und Bastarden, bei großen und kleinen Hunden, bei hübschen kleinen Kuschelhunden wie großen häßlichen, die nur von ihren Liebhabern als attraktiv angesehen werden. Dieser Hundetyp hat nur ein Merkmal, das bei allen gemeinsam auftritt - er ist bei seinem nominalen Besitzer ungeliebt, zumindest unerwünscht. In einer Reihe von tragischen Fällen kann sich sein Besitzer einfach nicht mehr um seinen Hund kümmern. Viel zu häufig muß man für diese Hunde ein neues Zuhause suchen. Solche Hunde sind im allgemeinen unter dem Sammelbegriff *Tierheimhunde* bekannt; in England nennt man sie *rescued dogs* - eine Beschreibung, die nichts mit jenen Rassen zu tun hat, die vom Menschen gezüchtet wurden, um verlorengegangene Kinder aufzuspüren, ebensowenig mit dem legendären Bernhardiner, der in der Vorstellung der Menschen nur dann echt ist, wenn er an seinem Hals das bekannte Fässchen mit Brandy trägt.

In diesem Buch bieten wir einen Eindruck von all den Freuden, die es bereitet, einem Tierheimhund eine glückliche Zukunft zu schenken, und der Befriedigung, die daraus erwächst, einen Hund entweder vor dem Einschläfern oder einem armseligen Leben bewahrt zu haben. Wir befassen uns mit den Problemen, die eine solche Rettung mit sich bringt und versuchen, auf eine Reihe von Fragen Antworten zu geben, mit dem Ziel, Dir dabei zu helfen, eine gute und erfolgreiche Beziehung zu einem Tierheimhund aufzubauen.

## DIE RETTER

Alle jene, die einem unerwünschten Hund ein neues Zuhause schenkten, und all jene, die daran arbeiten, solche Hunde zu retten, sie in gute Hände zu vermitteln, kann man zu Recht als *Heilige* beschreiben. Zweifelsohne verdienen jene am meisten eine solche Heiligsprechung, die in einer der zahlreichen Rettungsorganisationen dienen, häufig keinerlei Geld erhalten, vielmehr für diese Aufgabe ihr eigenes Geld opfern. Diese Menschen erleben tagtäglich das Elend der Hunde, die in der Gesellschaft, in der sie leben, entweder unerwünscht sind oder mißbraucht werden. Tierheimhelfer können viele tragische Geschichten erzählen, angefangen von dem Hund, der viele Jahre als geliebter Familienhund lebte und sich durch den Tod seines Besitzers plötzlich heimatlos sieht, bis zu dem Hund, der mißhandelt wird - körperlich oder seelisch oder beides - und aus einem grausamen Zuhause oder aus völliger Vernachlässigung gerettet werden muß.

Die Tierheimhelfer sind die aktiv Beteiligten eines fortwährenden Kampfes. Sie brauchen Hundefreunde, die einem notleidenden Hund mehr bieten als nur Futter und Unterkunft. Ein Hund, der sein Zuhause verliert - gleich aus welchen Gründen - entwickelt häufig Probleme, die bei einem Hund, der von Welpenzeit an als geliebtes Familienglied lebt, nie auftreten. Auch ein Kind aus einer gescheiterten Ehe hat häufig mehr Probleme in der Gesellschaft als ein Kind aus einem umsorgten Elternhaus. Die gleichen Anpassungsschwierigkeiten gibt es häufig bei Hunden, die keine liebevolle Betreuung gefunden haben oder bei einem Hund, der nicht aus eigener Schuld den Schutz eines liebevollen Besitzers verlor. Als Betreuer eines Tierheimhundes verlangt man von Dir viel Geduld, Sympathie und Verständnis, wenn Du Deinem Hund wirklich mit Dir ein neues Leben ermöglichen willst.

## DIE LIEBE DES HUNDES

Die Beziehung wechselseitiger Liebe zwischen Mensch und Hund geht auf Zeiten zurück, als Mensch und Hund noch in Höhlen lebten. Diese Beziehung hatte ihre Grundlage in einer Zusammenarbeit von Mensch und Hund zum wechselseitigen Wohl und Schutz, entwickelte sich zu einem Leben von Liebe und Partnerschaft zwischen Hund und Herrn weiter. Auch heute gibt es noch Hunde, die auf vielerlei Art zum Nutzen des Menschen arbeiten. Aber immer mehr sehen wir den Hund auch als Freund und Lebensgefährten, der zum festen Bestandteil eines normalen Haushalts geworden ist. Dabei ist es völlig gleichgültig, ob es sich um einen Rassehund oder Mischling handelt.

Für uns Autoren ist ein Haus ohne Hund kein Zuhause. Wir haben beide unser Leben lang mit Hunden zusammengelebt, können uns kein Leben vorstellen, ohne daß zumindest ein Vierbeiner nahezu alle Bereiche unseres Lebens mit uns teilt. Unser erster Hund, der aus der Kategorie vernachlässigter Hunde stammte, war ein winziger, nur aus Haut und Knochen bestehender, brauner Welpe - wahrscheinlich drei oder vier Monate alt - den wir Micky nannten. Wir fanden ihn während unseres Aufenthaltes in Deutschland. Er saß auf einem großen Misthaufen und versuchte gerade, einen verwesten Entenkopf herunterzuschlingen. Was seiner Mutter und den übrigen Welpen geschehen war, brachten wir nie in Erfahrung. Für zwei Zigaretten wurde er unser Hund. In seinem kurzen Leben hatte Micky schon die Fähigkeit entwickelt, mit allen Problemen des Lebens fertigzuwerden. Er war gutartig, intelligent und selbstbewußt. Schnell fand er heraus, daß ein Leben mit uns weit besser für ihn war als weiter zu versuchen, seinen Unterhalt auf dem Bauernhof zu finden. Uns schenkte er als Ausgleich seine völlige Loyalität und Liebe. Er entwickelte sich zu einem kleinen, glatthaarigen Hund mit großen braunen Augen und einem sehr freundlichen Wesen. Er zeigte keine Merkmale einer bestimmten Rasse; man konnte ihn nur als Mischling beschreiben. Aber wir liebten ihn - und über zwei Jahre war er ein wichtiges Familienmitglied. Obgleich er keinerlei finanziellen Wert hatte, war er für uns kostbar, so wertvoll, daß wir ihn bei unserer Rückkehr nach England mit uns nahmen und in die notwendige Quarantäne brachten.

Bei der ersten Gelegenheit besuchten wir ihn in seinem *Gefängnis*. Obwohl er überglücklich war, uns zu sehen, fühlten wir, daß er trauerte. Leider gab es keine andere Alternative, als ihn so häufig wie möglich zu besuchen und darauf zu hoffen, daß er wußte, daß es uns noch gab und wir ihn liebten. Nach vier Monaten jedoch erhielten wir vom Tierarzt des Quarantänecenters einen Brief, der uns mitteilte, daß Micky an Hartballenerkrankung gestorben war, einer Krankheit, die zu jener Zeit viele Hunde das Leben kostete. Obgleich sein Tod heute mehr als 40 Jahre zurückliegt, erinnern wir uns noch immer an ihn; gemeinsam mit so vielen anderen Hunden, die uns ihre Liebe geschenkt haben.

Die Geschichte von Micky illustriert die attraktivsten Seiten des Hundes. Hat ein Hund Dir erst einmal sein Vertrauen und seine Liebe geschenkt, ist es, soweit es den Hund angeht, nahezu unmöglich, daß diese Beziehung zerbricht. Kein Grad von Vernachlässigung oder Gleichgültigkeit zerstört die Gefühle eines Hundes für seinen Besitzer. Nach einer Trennung begrüßt Dich Dein Hund immer mit der gleichen Begeisterung, ob es das erste Mal ist, daß Du ihn alleine gelassen hast oder das hunderttausendste Mal in einem langen gemeinsamen Leben. Grobe Worte oder schlechte Laune veranlassen ihn nur vorübergehend, Rute oder Ohren hängenzulassen. Aber er ergreift jede Gelegenheit, zu Dir zurückzukommen, Dich zu trösten und zu versuchen, die alte gute Verbindung wieder herzustellen. Wir können uns keine andere lebende Kreatur vorstellen, die so viel schenkt und so wenig verlangt.

## AUFBAU EINER FREUNDSCHAFT

Hundepsychologen versuchen häufig, die Beziehung zwischen einem Hund und seinem Besitzer auf eine kurze Formel zu beschränken, die - richtig angewandt - alle Fragen zu beantworten vermag, wie man gemeinsam ein erfolgreiches Leben erreicht. Während viele dieser Lehren für einen Hundeliebhaber, der erstmals einen Hund besitzt, nützlich sein können, kann sich eine solche Theorie, wenn man sie gedankenlos anwendet, als ebenso schädlich und töricht erweisen wie der Versuch, auf ähnliche Art eine Beziehung von Mensch zu Mensch aufzubauen. Eine solche Formel besteht beispielsweise aus einer Liste von Dingen, die man seinem Hund niemals erlauben sollte.

Hierzu gehört etwa, daß der Besitzer, wenn er nach einiger Abwesenheit zu seinem Hund zurückkehrt und mit Freudensprüngen und der Aufforderung zum Spiel begrüßt wird, seinen Hund ignorieren sollte, da man ihm damit beibringt, daß Liebe immer nur willkürlich vom Besitzer verteilt wird und keinesfalls auf Anforderung verfügbar ist. Eine solche Liste besagt auch, daß, wenn Dein Hund versucht, Deine Aufmerksamkeit durch Bellen oder Pfotenkratzen zu erwecken - etwa in der Hoffnung auf einen Spaziergang oder einen Hundekuchen - er ähnlich ignoriert werden muß, und daß der Hund immer nur nach der menschlichen Familie sein Futter bekommt, dabei auch nur weniger wertvolle Nahrung erhält. Die dahinterstehende Theorie lautet, immer solle der Hundebesitzer als dominanter Partner aufgebaut werden. Wir stimmen durchaus der Grundidee zu, daß der Mensch stets in der Lage sein sollte, den Hund zu beherrschen, richtig betrachtet hat der Mensch auch nahezu alle Karten dazu in seiner Hand. Aber wir streben eine Beziehung Mensch/Hund an, aufgebaut auf wechselseitigem Respekt und Liebe.

Weiterhin wird behauptet, ein Hund könne seinen Besitzer überhaupt nicht lieben, all sein Tun basiere immer auf unterwürfiger Selbsterhaltung, nur um Nahrung und Schutz zu erhalten. Aber unsere Hunde sind immer begeistert, uns wiederzusehen, wenn wir kurze Zeit weg waren. Sie sind unglücklich, wenn wir nicht bei ihnen sind; sie tun alles, um uns zu gefallen. Wenn wir traurig sind, versuchen sie uns zu trösten. Sind wir fröhlich, lachen sie mit uns. Geraten wir in eine Gefahr, so schützen sie uns. Für uns ist dies Liebe in einem Umfang, um den manches menschliche Ehepaar uns beneiden würde.

Hunde werden dazu erzogen, uns auf verschiedene Art zu dienen. Bei einigen dieser Aufgaben werden die besonderen Fähigkeiten der Hunde genutzt - beispielsweise ihr vorzüglicher Geruchssinn, der den Menschen nicht in gleichem Ausmaß gegeben ist. Bei anderen Aufgaben, beispielsweise als Blindenführhund, werden die

# DIE ZWEITE CHANCE

Sinne des Hundes genutzt, um die dem Menschen verlorengegangenen Sinne zu ersetzen. Während alle diese Aufgaben im Dienste der Menschheit, die von ungeheurem Wert sind, nie vergessen werden dürfen, dient die überwiegende Mehrheit aller Hunde den Menschen einfach als Freunde und Lebensgefährten. Aber welchen größeren Dienst könnten wir von einem Hund erwarten als bei uns zu sein, wenn wir ihn brauchen? Wenn Du nie zuvor einen Hund hattest, versuche es! Erlebe all die Freuden, die der Hundebesitz mit sich bringt.

Möglicherweise kommt der Hund zu der Auffassung, daß eine bestimmte Person im Haushalt - wahrscheinlich die, die ihn füttert und ihm das meiste ihrer Zeit schenkt - sein allerbester Freund ist. Aber in aller Regel bindet sich der Hund an alle Haushaltsmitglieder als wären sie eine Einheit. Ist ein Familienmitglied unterwegs, hält der Hund immer die Haustüre im Auge, die Ohren aufgerichtet, auf einen Laut wartend, der die Rückkehr ankündigt. Immer ist der Hund unruhig und aufmerksam, bis die Familie wieder vereint ist. Dann - nach stürmischer Begrüßung des Abwesenden - entspannt sich der Hund, ist zufrieden, daß in seiner Welt wieder einmal alles in Ordnung gekommen ist.

## HUNDE IN NOT

Dein Erfolg in der Beziehung zu einem Tierheimhund hängt in beträchtlichem Maß davon ab, aus welchen Gründen er ins Tierheim kam, seinen bisherigen Besitzer verlor. Das Wissen um diesen Hintergrund kann von beachtlichem Wert sein, um zu verstehen, warum er sich so benimmt, wie er es nun einmal tut, was man tun muß um ihm - soweit möglich - zu helfen, sich in das neue Leben einzugliedern.

Wahrscheinlich gibt es fünf klar voneinander unterscheidbare Gründe, weshalb ein Hund heimatlos wird:
1. Verlust seines Besitzers.
2. Der Hund paßt nicht zu seinem Besitzer oder sein Besitzer nicht zum Hund.
3. Der Streuner - ein Hund, der im wahren Sinne des Wortes nie einen Besitzer hatte.
4. Der Hund ist unerzogen oder wurde mißbraucht.
5. Ein gestörter Hund.

Ergänzend können noch Überlegungen über Größe, Haarkleid, Rasse und ähnliches die Aufstellung beeinflussen, meist sind dies dann zusätzliche Faktoren, warum der Hund ein neues Zuhause braucht.

## VERLUST DES BESITZERS

Die für den Hund tragischste, in vielen Fällen aber bei der Übernahme des Hundes in seine neue Heimat einfachste Kategorie! Der Hund, der über sein ganzes Leben bei einem liebenden, ihn umsorgenden Besitzer war, verliert seinen Herrn natürlich ohne eigene Schuld. Viele dieser Hunde haben ihr Leben voll in die Familie integriert geführt. Zuerst stirbt ein Ehepartner, Hund und Überlebender leben gemeinsam. Bei einem solchen einsam gewordenen Menschen spielt häufig der Hund als Tröster von Witwe oder Witwer eine ganz besondere Rolle, bis auch er oder sie stirbt.

Gelegentlich wird ein Hund auch aufgegeben, weil sich die Lebensumstände seines Besitzers drastisch verändert haben. Ein solcher Hund, heißgeliebt, gut erzogen und versorgt, ist plötzlich heimatlos, unerwünscht, hat keinen Besitzer mehr, dem er Vertrauen und Freundschaft schenken kann. Dieser Hund hat nichts angestellt, verhält sich gut, aber seine Welt ist plötzlich zusammengebrochen. Die Gründe hierfür vermag er nicht zu verstehen.

# HUNDE, DIE HILFE BRAUCHEN

Anfänglich wird ein solcher Hund mißtrauisch und seinem neuen Besitzer gegenüber zurückhaltend sein, aber nach und nach - obwohl wir nicht glauben, daß er sein früheres Zuhause vergißt - wird er Dich akzeptieren, da jetzt Du ihn liebst und ihn versorgst. Er hat in Dir und Deiner Umwelt neue Geborgenheit gefunden. Einem solchen Hund ein neues Leben zu schenken, kann sich als äußerst lohnend erweisen

## MANGELNDE ÜBEREINSTIMMUNG

Viele Hunde suchen deshalb ein neues Zuhause, weil sich der ursprüngliche Eigentümer bei der Auswahl des Hundes irrte. Vielleicht wurde er von einem wunderschönen Hund, Werbeträger für eine Malerfarbe, magisch angezogen, hatte aber keine Vorstellung, wieviel tägliche Arbeit die Fellpflege eines Bobtails verlangt. Möglicherweise wurde der Hund durchaus gut behandelt, aber sein langes, ungepflegtes Haarkleid wurde zu einer recht unhygienischen Angelegenheit. Dies kann unter Umständen so schlimm werden, daß es sich für Hund wie Besitzer zum Gesundheitsrisiko entwickelt. Jetzt erkennt der Besitzer, daß er mit seinem Hund nicht zurechtkommt, möchte ihn loswerden. Die richtige Antwort wäre, das Fell kurz zu scheren, auch kurz zu halten, aber jetzt sieht der Hund nicht mehr so aus, wie in der einstigen Werbeanzeige. Als sein neuer Besitzer mußt Du selbst bestimmen, ob Du die Zeit und die notwendige Begeisterung hast, um diesen Hund in vollem Haarkleid gepflegt zu halten, oder ob er kurz geschoren wird. Wir kennen viele Besitzer von schwierig zu pflegenden Hunderassen, die nachdrücklich betonen, daß nach ihrer Auffassung eine Stunde oder mehr tägliches Pflegen und Bürsten für sie selbst außerordentlich gesund sei.

Diese Schwierigkeit, einen stark behaarten Hund sauber und gepflegt zu halten, ist nur ein Beispiel, warum ein Hund umgesetzt werden muß, er sich für den Lebensstil seines Vorbesitzers als unbrauchbar erwies. Viele Hundefreunde haben keinerlei Ahnung, daß der heute süße, winzige Welpe morgen ein 50 kg schwerer, ausgewachsener Hund sein wird, der sich in einer kleinen Wohnung im vierten Stock nur sehr schwierig halten läßt. Es ist ziemlich häufig, daß der Ehemann sich einen großen Macho-Hund wünscht, dabei aber all die Alltagsarbeit vergißt, insbesondere aber auch die Aufgabe der Erziehung, des Auslaufes und Kontrolle dieses Hundes, die weit über die Fähigkeiten seines kleinen Frauchens gehen. Der *Weihnachtsgeschenk-Hund*, aus einer Laune gekauft, dann, wenn der Reiz des Neuen vorbei ist, er in der Familie nicht länger erwünscht, fällt er in die gleiche Kategorie.

Das Umsetzen eines Hundes, weil sein Vorbesitzer sich den falschen Hund gekauft hat - möglicherweise überhaupt keinen Hund hätte kaufen sollen - bringt für den neuen Besitzer die wenigsten Probleme mit sich. In der überwiegenden Mehrheit solcher Fälle gibt es bei dem Hund nichts, das Liebe und Verständnis nicht in Ordnung bringen können. Der Hund wird nur allzu froh sein, einen Besitzer gefunden zu haben, der sich richtig um ihn kümmert.

## HUNDE OHNE VORBESITZER

Die dritte Kategorie umfaßt die Hunde, die überhaupt noch keinen Besitzer hatten. Zu dieser Gruppe gehören sowohl die Straßenhunde wie auch der Hund, der zwar theoretisch einen Besitzer hatte, von seinem nominalen Eigentümer aber völlig ignoriert wurde. Es gibt Menschen, die einen Hund halten, ohne sich auch nur im Geringsten für ihn zu interessieren. Möglicherweise füttern sie ihn, wenn er nach Hause kommt, nachdem er den ganzen Tag auf den Straßen herumgestromert ist. Solche

Hunde werden "straßenklug", sind intelligent und in ihrer Überlebenstaktik auf sich selbst angewiesen. Wir alle haben schon den Hund gesehen, der auf der einen Seite einer Verkehrsstraße trabt, bis er an die Verkehrsampel oder einen Fußgängerüberweg kommt. Hier wartet er, bis der Verkehr anhält, überquert die Straße und läuft dann auf der anderen Straßenseite den gleichen Weg wieder zurück. Solche Hunde haben herausgefunden, wie man auch ohne die Hilfe des Menschen existieren kann. Möglicherweise kennen sie die Menschen nur als Lebewesen, die man fürchten muß.

Ein Beispiel dieses Hundetyps ist eine mittelgroße Mischlingshündin namens Bambi. Man fand sie in einem alten Schrottwagen lebend, in dem sie sich selbst ein weiches Lager eingerichtet hatte. Als man sie aufgriff, war sie etwa vier Jahre alt; wie lange sie hier schon lebte, wußte niemand zu sagen. Sie ließ sich widerstandslos einfangen, war aber Männern gegenüber mißtrauisch. Fünf Versuche, sie in ein neues Zuhause zu integrieren, schlugen fehl. Sie lief einfach weg oder sprang in vielen Fällen über den Zaun. Schließlich - als eine Art letzter Ausweg - nahm eine Mitarbeiterin des Tierheimes sie mit nach Hause. Sie blieb zwar immer ein seltsamer kleiner Hund, gewöhnte sich aber ein, wurde über elf Jahre zum festen Bestandteil des Hauses. Dabei behielt sie viele Eigenheiten des nicht domestizierten Hundes, der sie eben war. Ihr Besitzer mußte akzeptieren, daß Bambi gelegentlich beschloß, sich auf dem Kleiderschrank schlafen zu legen oder sich irgendwo an unbekannter Stelle zu verbergen. Eine gewaltige Menge an Geduld und Liebe war erforderlich, um Bambi das notwendige Vertrauen zu ihrer neuen Herrin gewinnen zu lassen. Sie konnte sie aber davon überzeugen, daß sie jetzt in Sicherheit war, Wärme und Futter in einem Haus fand, was bestimmt angenehmer war, als sich selbst auf dem Rücksitz des alten Autos durchbringen zu müssen.

## DIE MISSHANDELTEN

Die Gruppe der Tierheimhunde, die den Hundeliebhabern, die sie übernehmen, am meisten abverlangen, sind jene, die skrupellos vernachlässigt oder - sogar schlimmer - vorsätzlichen Grausamkeiten ausgesetzt waren. Es ist gar nicht selten, daß ein Hund, in einem Haus oder Schuppen eingeschlossen, zurückgelassen wird, wenn seine Besitzer umziehen. Wenn sich nicht ein Nachbar darum kümmert, verhungert ein solcher Hund. In einem solchen Fall hatte ein Hundebesitzer aus einer gemieteten möblierten Wohnung zwar das Mobiliar mitgenommen, dafür aber den Hund zurückgelassen. Häufig findet man auch Hunde an Türpfosten angebunden, wenn sie Glück haben in der Nähe von Menschen, die sich darum kümmern. In anderen Fällen jedoch wird der Hund an einsam gelegenen Plätzen ausgesetzt, wo die Chancen, ihn zu finden, ehe es zu spät ist, schlecht stehen. Heute ist es eine moderne Alternative, den Hund einfach auf einer vielbefahrenen Straße aus dem Auto zu stoßen. Ob die Menschen dies tun, um sich schnellstmöglich aus dem Staube machen zu können, oder ob sie hoffen, daß ihr Hund schnell überfahren wird, ist reine Spekulation. Wenn Du Dir vor Augen hältst, daß es im ganzen Land Hilfsorganisationen gibt, die bereit sind, Menschen zu helfen, die ihre Hunde nicht länger halten können, ist es einfach unmöglich, solche Methoden zu verstehen, die einige Hundebesitzer anwenden, um sich ihrer Hunde durch Vernachlässigung und Aussetzen zu entledigen. Manchmal liegt der Fehler mehr im Nichtwissen als in Gemeinheit. In unseren Tatsachenberichten kommt ein Hund namens *Duke* vor. Im Alter von sechs Monaten mußte man ihm nach einem Autounfall einen Vorderlauf amputieren. Sein Besitzer liebte ihn sehr und behielt ihn. Dann verlor er seinen Job, hielt Duke aber un-

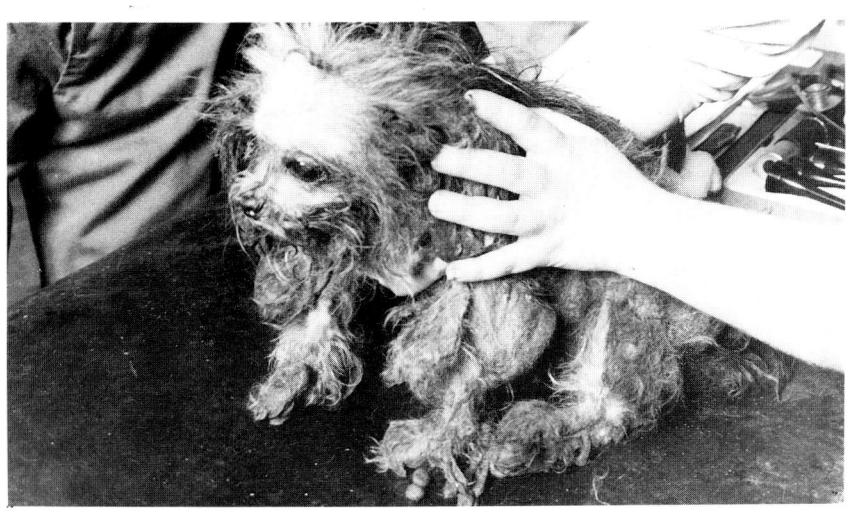

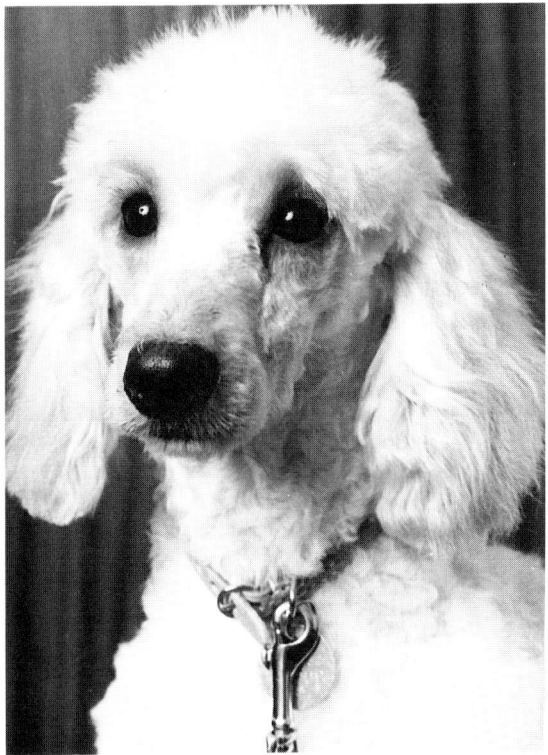

*VORHER: Einer der vierzig Hunde, die durch den Tierschutz (RSPCA) aus einem Haus geholt wurden. Es war eine Tragödie! Siebenundzwanzig Tieren konnte nicht mehr geholfen werden. Man mußte sie einschläfern.*

*NACHHER: Die übrigen Hunde wurden von den Mitgliedern des Wood Green Animal Shelters gesund gepflegt Dieser kleine Hund, sauber, fit und wieder gesund, hat jetzt Dank der Hilfe des Tierheims ein liebevolles Zuhause gefunden.*

Fotos:
Wood Green Animal Shelters

13

unverändert die Treue. Er verkaufte sein Auto, um für sich und seinen Hund Essen kaufen zu können, dann verlor er aber seine Wohnung. Er war überzeugt, Duke jetzt nicht mehr länger halten zu können, und daß niemand einem dreiläufigen Hund ein Zuhause bieten würde. So ging er mit seinem Hund zehn Meilen weit zu Fuß zum Tierarzt, wollte ihn einschläfern lassen. Als sie dort ankamen, war Duke dem Zusammenbruch nahe. Seine eine Vorderpfote blutete schlimm. Der Tierarzt weigerte sich, ihn einzuschläfern und nahm mit der Hilfsorganisation der Hunderasse Verbindung auf. Nach zwei Monaten der Fürsorge fand Duke ein neues Zuhause und lebt heute glücklich mit vier anderen Hunden zusammen.

Aber viel zu häufig findet man in einem Land, das den Anspruch erhebt, eine Nation von Hundeliebhabern zu sein, echte Fälle vorsätzlicher Grausamkeit. Hunde werden mit Mistgabeln erstochen, in Stacheldraht eingesperrt oder in Flüsse geworfen, nachdem man ihnen Ziegelsteine am Halsband befestigt hat; man drückt Zigaretten auf ihnen aus oder - ein Wiederaufleben alter Grausamkeiten - mißbraucht sie für Hundekämpfe. Die Liste vorsätzlicher Barbareien, die Menschen an Hunden begehen, ist endlos und erschreckend. Hunde, die auf solche Art mißbraucht und mißhandelt wurden, schulden den Menschen nichts! Man muß sie verstehen, wenn sie alle menschlichen Wesen hassen und fürchten.

Die häufigste Reaktion der meisten Hunde ist totales Mißtrauen und Ablehnung, gekoppelt mit dem festen Willen - wenn der Hund erst einmal groß und kräftig genug ist - lieber anzugreifen als sich angreifen zu lassen. Möglicherweise hat man einen solchen Hund auch in servile Unterwerfung geprügelt, er ist dankbar, wenn er nicht mißhandelt wird, zeigt kriecherische Angst, um dem Menschen zu gefallen.

Traurigerweise zeigt ein sehr kleiner Prozentsatz dieser Hunde, die im Angriff die beste Strategie sehen, Menschen gegenüber eine solch aggressive Haltung, daß sie nicht mehr umerzogen werden können. Es ist zwar durchaus möglich, für solche Hunde einen neuen Platz zu finden, es gibt aber nur sehr wenige Hundefreunde, die mutig genug sind, sich sachkundig mit ihnen zu befassen. Versuche, solche Hunde einem unerfahrenen Hundefreund zu überlassen, schlagen in der Regel fehl, können sich zu einer Tragödie auswachsen. Glücklicherweise ist aber die Mehrheit der schlecht behandelten Hunde durchaus fähig, über Liebe resozialisiert zu werden; hierfür braucht man sehr viel Fürsorge und Geduld. Man kann ihr Vertrauen wieder aufbauen, dann werden sie dem neuen Besitzer gegenüber auch wieder Liebe und Zuneigung entwickeln. Wer immer einem solchen Hund ein neues Zuhause gibt, muß sich stets vor Augen halten, was dem Hund früher zugefügt wurde. Ein plötzlicher Schrei oder hocherhobener Arm - selbst nicht auf den Hund gezielt - kann unangenehme Erinnerungen freisetzen, Wochen der Arbeit zerstören.

## GESTÖRTE HUNDE

Diese letzte Hundekategorie sucht natürlich auch ein neues Zuhause. Nach unserer Meinung sollte man aber Hunde mit einer echten Verhaltensstörung von der Vermittlung ausschließen. Viele Hundefreunde werden argumentieren, daß kein Hund von Natur aus schlecht sei, daß Verhaltensstörungen in aller Regel die Fehler der Menschen spiegeln, die diese Hunde aufzogen. Dies trifft in der Mehrheit der Fälle zu. Trotzdem gibt es einige wenige Hunde, die wir hier als *rogue dogs* bezeichnen, die sich einfach nicht in eine Gemeinschaft einzufügen vermögen. Dies mag die Folge davon sein, daß ein Züchter bei der Paarung zweier Hunde versagt hat, also zwei Tiere paarte, deren Wesensveranlagung zwangsläufig ein *unstabiles Tier* entstehen ließ, ein Tier, das - wäre es ein Mensch - als *geisteskrank* angesehen werden müßte. Was immer die Ursache sein mag - jeder Versuch, solche schwer gestörten Hunde in die moderne Welt zu integrieren, endet mit aller Wahrscheinlichkeit in einem Unglück. Weiterhin muß hier auch betont werden, daß die negative Publizität der durch solche Hunde verursachten Unfälle das Image der Hunde in der Öffentlichkeit schwer schädigen würde. Die Folge wären Einschränkungen, die dann allen Hunden auferlegt werden. Als Ergebnis hätte die große Mehrheit wohlerzogener Hunde unter den Verhaltensstörungen einer winzigen Minorität zu leiden.

Der wahre Grund, warum ein Hund ein neues Zuhause sucht, läßt sich nicht immer durch Informationen des Vorbesitzers aufklären. Viele solcher Hundebesitzer scheuen es zuzugeben, daß ihr eigenes Verhalten und ihre Fehler Ursache dafür sind, daß sie sich von ihrem Hund trennen müssen.

## AUSWAHL EINES TIERHEIMHUNDES

### KÖRPERGRÖSSE

Wenn Du mit dem Gedanken spielst, einen Tierheimhund zu übernehmen, gibt es eine ganze Reihe wichtiger Faktoren, die Du vor Deiner Entscheidung berücksichtigen solltest. Der erste ist die Körpergröße - großer oder kleiner Hund oder dazwischen. Natürlich sagt der große Hund dem Haushaltsvorstand immer am meisten zu. Er mag einen Hund, den er tüchtig streicheln und tätscheln kann, ohne sich zu bücken. Er möchte auch täglich mit seinem Hund spazierengehen, ohne zu riskieren, daß sein männliches Image geschädigt wird. Bei einem kleinen, niedlichen Zwerghund hat er hier meist Bedenken. Auch viele Frauen mögen große Hunde wegen der Sicherheit, die sie vermitteln, und sie sind als Besitzer großer Hunde auch oft sehr erfolgreich. Es ist überhaupt nicht falsch zu hoffen, daß der neue Familienhund auch zum Beschützer der Familie werden könnte. Hierbei hat der große Hund eindeutige Vorteile. Auch der kleinste Hund wird nach bestem Vermögen versuchen, Dich zu verteidigen, es könnte ihm aber schlecht bekommen. Bei gegenseitigem Respekt kann Deine Beziehung mit einem großen Hund sehr befriedigend verlaufen.

Der kleine Hund hat einen ganz großen Vorteil: unabhängig von seinen Pluspunkten der leichteren Kontrollierbarkeit und des geringeren Platzbedarfs ist es für den Hund und Dich viel leichter, immer zusammenzusein. Es gibt keine Probleme, wenn Dein Hund Deinen Lehnsessel teilen möchte oder sich am liebsten auf Deinem Arm Schaufenster ansieht. Freunde haben möglicherweise Bedenken gegenüber einem großen, haarigen Monster im Haus, aber sicherlich mit einem kleinen Hund, der auf Deinem Schoß sitzt, keine Probleme. Je länger die Zeit, die Dein Hund und Du gemeinsam verbringen könnt, umso enger die Beziehung - und *Kleinheit* macht dies alles einfacher. Auch Deine eigenen Lebensumstände und Dein Standort sollten bei der Entscheidung über die Größe des Hundes mit einbezogen werden. Eine im vierten Stockwerk gelegene Wohnung könnte für einen kleinen Hund prima sein, für einen großen Hund aber ungeeignet, obwohl dieser Aspekt möglicherweise durch Pflege und Zeit, die Du für Deinen Hund aufwendest, gewisse Abwandlungen erfährt. Wir haben große Hunde kennengelernt, die in der Stadt im dritten Stockwerk völlig glücklich lebten, aber nur deshalb, weil ihre Besitzer bereit waren, ihnen genügend Auslauf und Bewegung zu verschaffen.

### RASSEHUND ODER MISCHLING

Es besteht Auswahl zwischen einem Mischling (diese Bezeichnung darf in keiner Weise abwertend verstanden werden) und dem Hund einer bestimmten Rasse. Dies ist in erster Linie eine Frage des persönlichen Geschmacks - alle sind Hunde mit Vor- und Nachteilen eigener Art. Es ist denkbar, daß hinsichtlich körperlicher Fitneß und Langlebigkeit der Mischling einen kleinen Vorteil aufweist - häufig als Folge fehlender Inzucht - man kann es aber auch als Folge des Ausleseprinzips, wonach nur der Fitteste überlebt, sehen. Andererseits sind Rassehundewelpen in der Regel sorgfältiger aufgezogen, wurden mehr geschützt, haben eine höhere Überlebensrate, während man es den Mischlingswelpen häufig selbst überläßt, sich ihr Futter zusammenzusuchen. Die dabei Überlebenden müssen schon recht zäh sein.

Rassehunde verdanken ihre Existenz den Anforderungen des Menschen. Wir züchten unsere Hunde für eine Vielfalt von Aufgaben, angefangen von der Jagd bis zum Schoßhund für die Dame. Hatte man einen Hund für eine bestimmte Aufgabe gezüchtet, machte sich der Mensch daran, die erreichten Qualitäten durch planmässige und kontrollierte Zucht zu festigen. Obwohl viele der Aufgaben, für die manche Rassen gezüchtet wurden, heute nicht mehr bestehen, hat der Mensch die einmal angestrebte Form bewahrt. Nahezu jede Rasse hat ihre Liebhaber, die sich besonders am Aussehen oder Charakter der Rasse erfreuen. Einer der großen Vorteile des Rassehundes ist, daß der künftige Besitzer zumindest mit hoher Wahrscheinlichkeit bereits beim Welpen Größe, Farbe, allgemeines Aussehen und Charakter erkennt.

Hast Du Dich für eine bestimmte Hunderasse entschieden, dann gibt es für viele Rassen eine eigene Hilfsorganisation, die sich um in Not geratene Tiere kümmert und sie an Liebhaber vermittelt. Die Verfügbarkeit von Rassehunden, die nach einem neuen Besitzer suchen, steht meist in genauem Verhältnis zur Gesamtpopularität der Rasse. Je mehr eine bestimmte Rasse in der Öffentlichkeit populär wird, umso mehr Hunde dieser Rasse geraten in eine der Kategorien, die wir am Anfang dieses Kapitels aufgelistet haben. Du darfst den Kauf eines Rassehundes aus einem solchen Hilfswerk nicht als billigen Weg mißverstehen, einen erstklassigen Rassehund zu erwerben, der Dich andernfalls einige tausend Mark kosten würde. Solche Hilfsorganisationen treffen völlig zu Recht Maßnahmen, um zu verhindern, daß der gerettete Hund zu einer finanziellen Spekulation wird. In aller Regel werden abzugebende Hündinnen sterilisiert, Ahnentafeln möglicherweise zurückgehalten. Zuweilen bleibt auch das züchterische Eigentum an dem Hund der Rettungsorganisation vorbehalten. Wenn Du Hunde züchten, sie auf Ausstellungen präsentieren oder Dich der Anzahl von Champions in ihrer Ahnentafel rühmen willst, dann solltest Du auch bei einem Züchter den angemessenen Preis für einen solchen Hund bezahlen.

Hast du keine Vorliebe für eine bestimmte Hunderasse, könnte die richtige Wahl durchaus bei einem Mischling liegen. Zum Zeitpunkt, da ein solcher Hund beim Tierheim ankommt, ist er meist ausgewachsen, und man kann die abschließende Größe und sein endgültiges Erscheinungsbild erkennen. Meist kann man auch seinen Charakter vernünftig beurteilen. Er ist bereits ein eigener Charakter, hat seinen Willen und oft auch Sinn für Humor. Mit Sicherheit wirst Du viel Spaß mit ihm haben, mit hoher Wahrscheinlichkeit auch einige Probleme. Aber alles in allem hast Du die Befriedigung zu wissen, daß Du einen Hund aus der Gruppe gerettet hast, die immer die meiste Hilfe braucht.

## PENSIONIERTE GREYHOUNDS

Es gibt zwei Kategorien von "geretteten Hunden", die nicht in das Muster passen, bei denen besondere Umstände vorliegen, weshalb sie ein neues Zuhause brauchen. Hierbei handelt es sich um von der Rennbahn ausgemusterte Greyhounds und Ame-

OBEN: Häufig sucht ein Hund ein neues Zuhause, weil sein Besitzer versagt hat, mit ihm zurecht zu kommen, ihn richtig zu erziehen oder auch, weil er Größe oder Charakter des Hundes falsch einschätzte.

LINKS: Viel zu häufig werden Hunde deshalb im Stich gelassen, weil ihr Besitzer in seiner Verantwortung und Fürsorge versagt hat. Dieser 6 Wochen alte Mischling wurde in einem Pappkarton vor den Toren des Battersea Dogs Home abgesetzt.

OBEN: Besonders in England müssen Greyhounds häufig ein neues Zuhause finden. Nach ihrer Karriere auf der Rennbahn werden sie in der Regel besonders angenehme Familienhunde. Penny, eine Greyhoundhündin, wurde zu den Wood Green Animal Shelters gebracht, um eingeschläfert zu werden. weil sie angeblich Kinder angegriffen hatte. Im letzten Moment rettete sie ein Journalist, der sie als "das eleganteste, liebevollste, treueste, sich am besten benehmende Tier, das ich je gesehen habe" beschreibt.

Foto: Wood Green Animal Shelters

LINKS: Mischlinge sind in Tierheimen immer die große Mehrheit der Bewohner. Sie haben oft ein sehr gutes Wesen, einen eigenen Sinn für Humor. Sooty wurde im Alter von vierzehn Wochen in das Wood Green Animal Shelter eingeliefert. Seine neuen Besitzer erzählen: "Er streckte die Pfoten durch die Gitter, schrie danach, mitgenommen zu werden. Er ist ein richtiger Rauhbautz - wild, übermütig, hirnlos - aber ein wunderbarer Hund!"

Foto: G.W. Farmer

*Rassehunde bilden einen beachtlichen Prozentsatz der Hunde, die ein neues Zuhause suchen.*

*Trixie, der Saluki, suchte sich ihr eigenes neues Zuhause. Eines Tages stand sie schmutzbedeckt vor einem Reitstall, war möglicherweise über mehrere Wochen frei umhergestromert. Ihre neue Besitzerin versuchte wochenlang, ihren Besitzer zu ermitteln - erfolglos. Dann stellte sich heraus, daß sie tragend war. Sie gebar drei Welpen, die alle ein gutes Zuhause fanden. Heute, sieben Jahre später, lebt sie glücklich bei ihren Rettern mit ihrer festen Hundefreundin Mandy.*

Foto: Wood Green Animal Shelters

Die Popularität von Fernsehserien wie "One Man And His Dog" brachte es mit sich, daß die Nachfrage nach Border Collies als Familienhunde überschäumte. Diese intelligente, aktive Hunderasse gliedert sich in Haushalte nicht immer gut ein, braucht viel Bewegung, wird deshalb allzu häufig als "nicht kontrollierbar" in ein Tierheim eingeliefert.

Luca, der Mischling, mußte umgesetzt werden, als seine Vorbesitzer feststellten, daß ihr Kind gegen Hunde allergisch war. Luca's neuer Besitzer erzählt: "Ich warf einen Blick auf diese Ohren - und ich war weg!"

Fotos:
Wood Green
Animal
Shelters

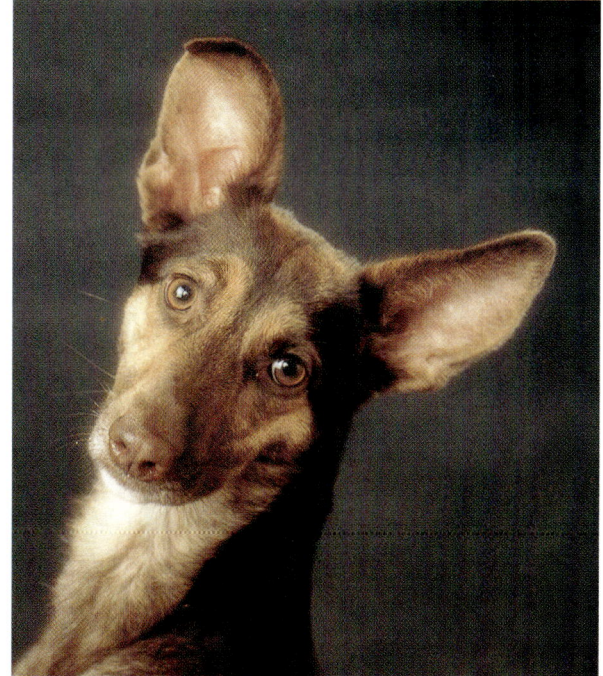

## AUSWAHL VON TIERHEIMHUNDEN

*LINKS: Leben Kinder in der Familie, muß ein Hund gewählt werden, der tolerant und gutartig ist, sich all der zusätzlichen Liebe erfreut.*

*OBEN: Viele Hunde müssen umgesetzt werden, weil ihre Erstbesitzer nicht wußten, wie groß der Hund werden wird, wie teuer sein Futter ist. Überlege das gründlich, ehe Du selbst einen Hund der großen Rassen wählst.*

*RECHTS: Rottweiler hatten in England eine besonders schlechte Presse, worunter die ganze Rasse leidet. Du solltest Dir keinen Hund der großen Schutzhunderassen wählen, es sei denn, Du hast gewisse Erfahrung und kannst Erziehungsprobleme, falls sie auftreten, meistern.*

OBEN: Ein kleiner
Hund ist fast im-
mer eine große
Persönlichkeit, für
beengte räumliche
Verhältnisse meist
die bessere Wahl.

Foto: Carol Ann
Johnson

LINKS: Langhaari-
ge Hunde brau-
chen regelmäßige
Pflege. Du mußt
sicher sein, hierfür
die notwendige
Zeit zu haben.

Foto: Carol Ann
Johnson

rican Pit Bull Terrier. Aufgrund der in England gegebenen besonderen gesetzlichen Probleme rund um den Pit Bull Terrier, befassen wir uns in Kapitel 7 - Hunde und das Gesetz - näher mit diesen Hunden. Greyhounds wiederum sind eine Hunderasse, die gerade bei englischen Hundeliebhabern besondere Aufmerksamkeit verdient, da es in England den professionellen Rennsport gibt.

Wie die meisten anderen Hunde haben auch Greyhounds eine Lebenserwartung von zehn und mehr Jahren, aber ihr Leben auf der Rennbahn endet meist nach vier bis sechs Jahren. Zuweilen ist es auch sehr viel kürzer - nur etwa fünfzehn Monate - wenn ein solcher Hund nicht die ursprünglichen Erwartungen erfüllt. Als Ergebnis des gewerblichen Einsatzes von Hunden auf der Rennbahn suchen Greyhounds in verschiedenen Altersstufen ab fünfzehn Monaten ein neues Zuhause.

Greyhounds sind große Hunde, brauchen in ihrer neuen Umwelt genügend Auslauf. Ihre Grundveranlagung ist liebenswert. Sie können sehr freundliche und angenehme Haushunde werden. Vor ihrem Rückzug von der Rennbahn führen Greyhounds ein seltsames und abgeschiedenes Leben. Nie sehen sie in diesen Jahren irgendeine andere Hunderasse als ihre eigene - entsprechend könnten sie bei ihrem ersten Zusammentreffen mit einer anderen Hunderasse furchtsam oder aggressiv reagieren. Das Gegenteil gilt hinsichtlich ihrer Haltung gegenüber Menschen. Über ihr gesamtes Leben sind sie daran gewöhnt, eine große Anzahl verschiedener Menschen zu treffen. Ein einziger Rennabend bedeutet für sie, daß sie möglicherweise von bis zu acht Menschen vorgeführt werden, von denen ihnen einige völlig fremd sind. Sie sind Scheinwerferlicht und den Lärm der Massen auf den Bahnen gewohnt. Lege dem Greyhound eine Leine an, und er wird fröhlich mit Dir abtraben. Dies bedeutet nicht, daß er sich keiner Einzelperson sehr eng anzuschließen vermag. Je mehr Zeit Du für ihn aufwendest, desto enger wird die Beziehung. Über Jahrhunderte wurde der Greyhound gezüchtet, um kleine Tiere zu jagen und zu fangen. Darüber mußt Du Dir immer klar sein und entsprechende Vorsichtsmaßnahmen ergreifen. Es ist nicht Schuld Deines Hundes, wenn Du ihn im Park frei laufen läßt, und er sofort einer Katze oder einem kleinen Hund nachhetzt. Solange Du nicht völlig sicher bist, daß seine Hetzinstinkte unter Kontrolle sind, sollte ein Greyhound immer angeleint bleiben, in der Öffentlichkeit auch einen Drahtmaulkorb tragen. Hat ein solcher Hund erst einmal verstanden, daß es auch noch andere Lebewesen auf unserer Welt gibt, wird er auch lernen, diese zu akzeptieren und seinen Platz in der Familie einnehmen.

## ZUSAMMENFASSUNG

Für jeden, der sich für einen geretteten Hund entscheidet, gibt es in Tierheimen eine riesige Auswahl. Es gibt Hunde von jeder Größe, Gestalt und Charakter. Der Schlüssel liegt in Deiner Hand - der Hund wird sich in der Regel damit abfinden, was ihm das Schicksal bringt. Menschen lieben Veränderungen in Umfeld und Personen, denen sie verbunden sind. Der neue Hund wird Dich so akzeptieren wie Du bist, reich oder arm, dick oder dünn, jung oder alt. Vom Mischling des Tramps bis zum königlichen Corgi - der Hund ist mit dem Menschen zufrieden, den er als seinen Herrn anerkennen kann. Wie immer Du wählst, fast immer kannst Du sicher sein, daß Dein Hund mit Geduld und Liebe ein guter Freund und Lebensgefährte wird.

*Kapitel 2*

# Tierheime und ihre Helfer

Es gibt eine Vielzahl von Organisationen und Einzelkämpfern, die daran arbeiten, verlorene, unerwünschte und mißbrauchte Hunde zu retten und zu resozialisieren. Es ist sicherlich umstritten, ob diese Tatsache unsere große Hundeliebe bestätigt oder das Gegenteil. Wie immer die Antwort lauten mag, die Hunde können dankbar sein, daß es so viele Menschen gibt, die bereit sind, ihnen einen großen Teil ihres Lebens zu widmen, und auch einen beachtlichen Teil ihres Einkommens zum Wohl der Hunde zu opfern.

## DIE ORGANISATION

Tierschutzorganisationen sind in Größe, Ausstattung und Konzeption recht unterschiedlich So gibt es große, nationale Tierschutzorganisationen, deren Etat sich in Millionenhöhe bewegt, weiträumige, eigens zur Unterbringung der Tiere errichtete Zwingeranlagen, gut organisierte Öffentlichkeitsarbeit und vorzüglich ausgebildete Mitarbeiter, die sich den Hunden verschrieben haben. Am anderen Ende der Skala finden wir kleine private Rettungseinrichtungen, die häufig von einem oder zwei Hundeliebhabern hingebungsvoll in ihrem Hausgarten aufgebaut wurden. Neben den Tierschutzorganisationen gibt es auch Einrichtungen der Rassezuchtvereine, die sich eigens um bestimmte Einzelrassen bemühen. Nahezu jede Hunderasse hat, zumindest in England, ihre eigene Hilfsorganisation - wobei die Rassezuchtvereine diese häufig aus ihren Mitteln unterstützen.

Alle Tierschutzorganisationen sind auf Spenden angewiesen. Sie arbeiten mit Sammelbüchsen und anderen Methoden, um die erforderlichen Mittel aufzutreiben. Eine Tierschutzorganisation erhält im allgemeinen keine Gelder aus öffentlichen Mitteln, obgleich einige der Größeren Vertragspartner der Stadtgemeinden sind, dadurch aus öffentlichen Mitteln zusätzliche Einkünfte erzielen. Dies ist der Versuch, die Sachkunde des Tierschutzvereins mit den gesetzlichen Aufgaben der Gebietskörperschaften zu verbinden, wodurch diesen Tierheimen auch städtische Gelder zufließen. In den kleinen Tierheimen arbeiten häufig nur ein oder zwei Menschen, oft ein Ehepaar als Team. Sie tragen gemeinsam alle Lasten, sind Organisator, Zwingermädchen, Abholer von Hunden, Spendensammler, Interviewer von interessierten Hundefreunden und oft selbst gute Hundepsychologen.

Besonders traurig ist die Tatsache, daß keine dieser Hilfseinrichtungen überflüssig ist. Nahezu alle Tierheime stehen im ständigen Kampf, um die große Anzahl von Hunden, die ihrer Fürsorge bedürfen, richtig zu versorgen. Die Zahl von Hunden, die noch immer getötet werden müssen, ist ebenso beweiskräftig wie unsäglich traurig. Viele der für einzelne Hunderassen eingerichteten Hilfsorganisationen zeigen, daß weniger als ein Prozent der hereingenommenen Hunde wirklich eingeschläfert werden müssen. Es gibt aber Einzelfälle, wo es töricht wäre,. einen bestimmten Hund in die Gesellschaft zurückzugeben, einfach weil sein körperlicher oder seelischer Zustand so schlecht ist, daß es die reinste Erlösung ist, ihn einschläfern zu lassen. Auf der anderen Seite zeigen die Statistiken des RSPCA, des führenden englischen Tierschutzvereins, daß bis zu fünfzig Prozent aller Hunde, die von ihm aufgenommen werden, getötet werden müssen. Dabei überrascht es, daß von den Behörden beauftragte Hundefänger, deren Aufgabe es ist, das Gesetz zu erfüllen - sie sind keine

Einrichtungen der Fürsorge - eine Anzahl von weit unter dreißig Prozent ausweisen. Die meisten anderen wichtigen Tierheime, die alle Hunde aufnehmen, zeigen ebenfalls viel niedrigere Tötungszahlen - in der Regel zwanzig Prozent und darunter. Vielleicht bist Du der Meinung, der verbreitetste Grund, weshalb ein Hund eingeschläfert wird, liege darin, daß er jemanden gebissen oder sich sonst irgendwie schlecht benommen hat. In Wirklichkeit aber zeigt die überwältigende Mehrheit aller Fälle, daß die einzige Schuld, warum ein Hund zum Tode verurteilt wird, darin liegt, daß man ihn ausgesetzt oder verloren hat, daß ihn sein eigener Besitzer im Stich ließ und niemand anderes gefunden werden kann, der die Verantwortung für ihn übernimmt. In England kommt hinzu, daß das Gesetz es erlaubt, einen Hund zu töten, wenn sich innerhalb von sieben Tagen niemand meldet, wobei die meisten Rettungsorganisationen aber von dieser Regelung keinen Gebrauch machen.

Die meisten Hilfsorganisationen arbeiten in der Praxis weitgehend nach den gleichen Grundsätzen. Ein großer Teil dieser Organisationen - einschließlich Rettungseinrichtungen der Rassezuchtvereine - sind eingetragene Vereine. Vereinszweck ist die Rettung und das Wohlergehen des Hundes. Dieses Ziel erreicht man, indem man Hunde, die in Obhut genommen werden, pflegt und resozialisiert - immer in der Hoffnung, ein gutes Zuhause für sie zu finden. Wenn es unmöglich ist, einen solchen Hund unterzubringen, behalten die meisten Organisationen das betreffende Tier so lange wie irgend möglich. Einige Einrichtungen halten den Hund bis zu seinem natürlichen Ende, wenn kein neues Zuhause für ihn gefunden werden kann. Wo immer möglich, wird der neue Pflegeplatz überprüft, dieser wird auch nach der Abgabe des Hundes kontrolliert, um sich zu vergewissern, daß sich der Hund in seiner neuen Familie zurechtgefunden hat.

In vielen Fällen werden die Hunde vor der Abgabe kastriert oder sterilisiert. In anderen Fällen muß der Übernehmer des Hundes vertraglich zusichern, eine solche Operation durchführen zu lassen. In England ist es üblich, daß die Tierschutzorganisationen das legale Eigentum an dem Hund nicht übertragen, so daß sie den Hund wieder zurückfordern können, wenn sich der neue Platz als unbefriedigend herausstellt. Aus solchen Erwägungen wird für den Hund meist kein Kaufpreis verlangt, man erwartet aber Spenden, um die aufgewandten Kosten abzudecken.

Interessierst Du Dich für einen Rassehund, solltest Du Dich zunächst einmal mit der betreuenden Rettungsorganisation des Rassezuchtvereins in Verbindung setzen. Es gibt aber auch praktisch in allen Tierheimen rasserein Hunde in beträchtlicher Anzahl (über zwanzig Prozent). Hast Du keine besondere Vorliebe oder liebst gerade Mischlinge, solltest Du zu einem Tierheim gehen, das für alle Hunde offensteht. Bei unseren Besuchen haben wir mit sehr vielen Menschen gesprochen, die solche Mischlinge mit nach Hause nahmen und die betonen, was für wundervolle Familienhunde diese sein können. Einige Tierschutzvereine nehmen auch andere unerwünschte Tiere. Es werden Katzen und Meerschweinchen, Jungfüchse, Igel und andere Arten eingeliefert. So erzählen Mitarbeiter des *Wood Green Shelters* die Geschichte eines Mannes, der dort ankam, um ein Zuhause für ein "Baby-Hippopotamus" anzubieten. Der Besuch löste einige Verwirrung aus, denn man war absolut sicher, im Heim keinen "Hippopotamus" (Flußpferd) zu haben. Der Besucher bestand darauf, daß sie ein solches Tier hätten, sein Freund habe es doch erst gestern gesehen. Er war in großer Eile über eine weite Entfernung angereist, hatte sich immer ein solches Tier gewünscht. Schließlich fanden sie doch das *Hippo*, ein sehr schwarzes und schmutziges vietnamesisches Hängebauchschwein!

# DIE ZWEITE CHANCE

## DAS BATTERSEA TIERHEIM

Erwähnst Du gegenüber irgend jemandem das Wort *dog show,* wird er meist mit *Crufts* antworten. Wahrscheinlich ist er sich überhaupt nicht bewußt, daß *Crufts* nur eine von Dutzenden großer Hundeausstellungen ist, die jedes Jahr stattfinden. Ähnlich wird es Dir beim gleichen Menschen gehen, wenn Du *Tierheim* sagst. Mit größter Wahrscheinlichkeit antwortet er *Battersea,* obgleich auch dies wieder nur eines der vielen Tierheime ist, das zum Wohle der Hunde arbeitet. Sicherlich ist es jedoch fair zu sagen, daß Battersea das Musterbeispiel war, dem viele andere Einrichtungen folgten, nicht nur in Großbritannien, sondern auch in vielen anderen Teilen der Welt.

*The Dog's Home Battersea* wurde 1860 als *The Temporary Home for Lost or Starving Dogs* gegründet. Es begann in Islington, das Heim zog dann 1871 nach Battersea um. Hunde - verloren, hungernd und mißbraucht - sind seit dieser Zeit ununterbrochen durch die Tore dieses Tierheimes geströmt. Zum Zeitpunkt, da dieses Buch geschrieben wird, befaßt sich Battersea jährlich mit vierzehntausend bis zwanzigtausend Hunden! Seit seiner Gründung haben mehr als drei Millionen Hunde hier eine Zuflucht gefunden. Battersea wurde von einer Frau begründet, von *Mary Tealby,* die beschloß, irgend etwas müßte getan werden, um die durch die Straßen von London streunenden Hunde zu betreuen. Sie und eine Gruppe gleichgesinnter Freunde begannen damit, die Streuner bei sich zu Hause aufzunehmen, fütterten sie, pflegten sie und suchten ihnen nach Möglichkeit ein neues Zuhause. Auf diese typische Art wurden zu viktorianischen Zeiten viele so berühmte Einrichtungen gegründet. Mary Tealby's Idee wurde von einem *Committee of Gentlemen* aufgenommen, Battersea begründet. 1879 besuchte der Prince of Wales Battersea. Fünf Jahre später stattete der jüngste Sohn von Queen Victoria - Prince Leopold - nicht nur einen Besuch im Heim ab, sondern adoptierte selbst einen kleinen Terrier namens Skippy. Queen Victoria begrüßte diesen Schritt, übernahm 1888 das Patronat dieses Tierheims. Im Jahre 1956 entschied *Her Majesty Queen Elizabeth II,* dieselbe Aufgabe zu übernehmen.

Battersea ist sehr laut, übervölkert und herzerweichend. Unter einer Eisenbahnbrücke sind die unerwünschten und streunenden Hunde Londons und Umgebung zusammengepfercht. Der Platz ist so knapp, daß einige der Zwinger auf drei Ebenen errichtet werden mußten. Neben der täglichen Einlieferung von Hunden, die Polizei und Behörden aufgegriffen haben, wurde es auch zum Übergangsheim für Hunde von Sträflingen und für Hunde, deren Besitzer ins Krankenhaus eingeliefert werden und nicht länger für ihre Tiere sorgen können. Vernünftigerweise hat Battersea inzwischen in den weitläufigen Feldern in Bellmead - direkt außerhalb von Windsor - eine Landdépendance erworben, wo die Hunde unter idealen Voraussetzungen resozialisiert werden können.

Viele Hundefreunde, die gefragt werden, warum sie eigentlich gerade ihren Hund ausgewählt haben, antworten: "Wir haben ihn gar nicht ausgesucht, er hat uns gewählt!". Der Hund hatte sich für sie entschieden, machte eindeutig klar, daß er sie mochte. Diese Tatsache erwähnte ein Mitarbeiter bei unserem Besuch in Bellmead. Schnell fanden wir heraus, daß diese Auffassung von vielen der Mitarbeiter und Besitzer der geretteten Hunde geteilt wird. Es verlief aber auch umgekehrt: wiederholt machten Hunde klar, daß sie bestimmte Menschen nicht mochten. Ein Deutsch-Kurzhaar-Vorstehhund weigerte sich bei vier verschiedenen Partnern, diese anzunehmen. Keiner seiner Ausflüge dauerte länger als achtundvierzig Stunden, obgleich die Gründe seiner Ablehnung nicht erkennbar wurden. In dem fünften Zuhause fühlte sich der Hund von Beginn an wohl, lebt seither glücklich bei dieser Familie.

Anders als die große Mehrheit von Tierschutzorganisationen verkauft Battersea die Hunde, die ein neues Zuhause brauchen. Zur Zeit beträgt der Preis siebzig Pfund (etwa DM 160,--). Die Begründung des Tierheims lautet, daß der Kauf dem neuen Besitzer ein Gefühl der Verantwortung gibt. Wenn man sich vor Augen hält, daß dieser Preis bereits die Kastration enthält, kann man ihn bestimmt nicht als überhöht ansehen. Battersea erfüllt eine sehr schwierige Aufgabe - und die sehr gut. Seine Bewohner werden buchstäblich aus dem Müll aufgelesen. Jeder Typ von Problemhund geht Tag für Tag durch diese Tore. Battersea ist genauso ein Teil des Bildes von London geworden wie Tower Bridge und Trafalgar Square - selbst die Hunde in den einzelnen Zwinger scheinen ein *Cockney fluidum* auszustrahlen.

## WOOD GREEN ANIMAL SHELTER

Die Routinearbeiten von Annahme, Resozialisierung und Abgabe in ein neues Zuhause hängen bei allen Tierheimen unausweichlich mit den Finanzquellen und der Größe der Organisation zusammen. Beim kleinen Tierheim mit schmalem finanziellen Budget, aber sehr viel Liebe, erhält der Neuankömmling möglicherweise ein Bad, eine gute Mahlzeit, ein warmes Lager und viele Streicheleinheiten. Höchstwahrscheinlich findet der Hund dies recht angenehm. Die wunderbare Arbeit, die solche Rettungseinrichtungen leisten, darf in keiner Weise geschmälert werden. Bei großen Organisationen mit zahlreichen Hunden, die das System durchlaufen, muß unbedingt eine klare Organisation aufgebaut werden, es bedarf einiger Verwaltungsarbeit zum Wohlergehen der Hunde.

Als wichtiger Teil unserer Forschungen für dieses Buch hatten wir uns entschlossen, einen Einzelhund durch ein solches System zu begleiten, vom Tag der Ankunft

*Zwingeranlage im Wood Greene Animal Shelter in Godmanchester*

bis zum Tag der Abgabe an den neuen Besitzer. Danach überprüften wir in seinem neuen Zuhause das Leben und die Fortschritte in der Wiedereingliederung. Gleichzeitig vermittelte uns dies einen sehr guten Einblick in die Organisation des Tierheims, auftretende Probleme und Leistungen. Verschiedene Organisationen unterhalten unterschiedliche Systeme, aber das Hauptziel aller ist das gleiche - einen gesunden Hund in ein fröhliches und liebevolles neues Zuhause abzugeben.

Für unsere Arbeit wählten wir das Wood Green Animal Shelter in Godmanchester aus, das ein vorzügliches Beispiel eines modernen, gezielt aufgebauten Tierheimzwingers ist. Während der Zeit, die wir dort verbrachten, fanden wir schnell heraus, daß wir nicht nur über die Fortschritte des ausgewählten Hundes berichten konnten, sondern auch viel Einblick in die Alltagsroutine rund um all die vielen Tragödien, aber auch ein paar Komödien gewannen, die das Leben in einem solchen Tierheim schwerer oder leichter machen.

Für einen geretteten Hund beginnt ein neues Leben in der Tierheimaufnahme. Hier, in einem kleinen Büro, ausgestattet mit einem Computerterminal und ein paar Besucherstühlen, werden die ankommenden Hunde in das System eingefügt. Dies mag wie eine ziemlich kaltherzige Beschreibung wirken. Tatsächlich aber fanden wir bei unserem ersten Kontakt, daß die Tierheimmitarbeiter - ausnahmslos - liebevolle, kenntnisreiche und mitleidvolle Tierliebhaber waren, deren Wissen sich nicht nur auf Tiere, sondern auch auf menschliches Verhalten erstreckte. Die Aufnahme muß eine möglichst vollständige Hintergrundinformation und klare Beschreibung des Hundes festhalten. So weit wie möglich werden in den Computer alle wichtigen Einzelheiten über Vergangenheit, Verhalten, Vorlieben und Abneigungen des Hundes eingegeben. Im Idealfall möchte man von jedem Neuankömmling wissen:

1. Verträgt sich der Hund mit anderen Hunden oder Katzen?
2. Ist er an Kinder gewöhnt?
3. Wieviel Auslauf hat er bekommen?
4. Ist er an das Autofahren gewöhnt?
5. Wie oft wurde er gefüttert, welches Futter wurde ihm gegeben?
6. Ist er es gewohnt, zu Hause allein gelassen zu werden?
7. Wie lange war der Hund bei seinem ihn einliefernden Besitzer?

Die Helferin im Empfang wird auch die Reaktion des Hundes auf ihre eigene Person prüfen und niederschreiben, ob er nervös, selbstbewußt, freundlich oder aggressiv ist. Das Eigentum an dem Hund sollte abgeklärt und nachgewiesen werden. Es kann durchaus sein, daß die einliefernde Person, die den Hund hassende eine Hälfte einer Partnerschaft ist, welche die Gelegenheit der Abwesenheit ihres Partners nutzt, um den Hund loszuwerden. Eine Besucherin eines Tierheims erkannte ihren Hund, von dem der von ihr getrennt lebende Ehemann behauptet hatte, er habe ihn zwei Jahre zuvor einschläfern lassen. Auch der Hund erkannte sie eindeutig und war überglücklich, wieder mit nach Hause genommen zu werden!

Wer seinen Hund zum Tierheim bringt, tut dies aus allen möglichen Gründen, wovon man einige bereits aus der Beschreibung über Charakter und Verhalten des Hundes erkennt. Viele kommen mit gebrochenem Herzen, weil sie ihren geliebten Hund aufgeben müssen, da Umstände aufgetreten sind, für die sie nichts können. Verständlicherweise ist ihr Hauptanliegen, daß der Hund möglichst schnell wieder ein Zuhause findet, wo er glücklich ist und man ihn umsorgt. Entsprechend werden die Vorzüge des Hundes ausgiebig ins richtige Licht gesetzt.

Andere Hundebesitzer haben beschlossen, daß sie keinen Hund mehr wollen - oder, daß sie genau diesen Hund nicht mehr wollen. Solche Hundebesitzer schildern meist einen langen Katalog von Sünden, versuchen damit die Abgabe des Hundes zu begründen. Eine Reihe dieser Gründe klingt ziemlich unwahrscheinlich, wenn man den Hund betrachtet, der vertrauensvoll neben seinem Besitzer sitzt. Was immer die Gründe sein mögen - wahre oder erfundene - im Tierheim wird der Hund aufgenommen, und es wird für ihn gesorgt.

### SADIE'S GESCHICHTE

Es war im Monat April als Sadie im Tierheim ankam. Es gab keinen Besitzer, der uns ihre Geschichte erzählen und berichten konnte, wer sie war. Sie wurde auf Veranlassung der Polizei in Cambridge von einem Hundeaufseher eingeliefert. Man hatte sie beim Streunen durch die Straßen aufgegriffen, und wenig wies auf die Schönheit hin, die sie später einmal werden sollte. Die Hündin war sehr dünn und untergewichtig, ihr langes Haar schmutzig und verfilzt, sie litt an Zwingerhusten. Die Tierheimangestellten nannten sie bald "die Fußmatte auf vier Läufen". Man vermutete, sie sei etwa sieben bis acht Monate alt. Es kann durchaus sein, daß sie einmal ein hübscher, kuscheliger Welpe war - ein Weihnachtsgeschenk, das auf die Straße gesetzt wurde, als sein Besitzer seiner überdrüssig wurde.

Bei der Eingangskontrolle verhielt sich Sadie freundlich und unterwürfig. Eine Identifikationsplakette wurde angelegt, ihr eine Nummer zugeteilt. Sie wurde gewo-

*Sadie, die durch Wood Green Animal Shelters ein neues Zuhause fand, ist heute ein glückliches, lebenslustiges Mitglied ihrer neuen Familie.*

gen, so daß während des Aufenthaltes im Tierheim das Gewicht laufend kontrolliert werden konnte. Der nächste Weg führte zum Tierarzt. Zum Mitarbeiterstab des Tierheims gehören drei Tierärzte und acht Tierarztgehilfinnen. Bei der großen Anzahl von Hunden und Katzen - zusätzlich all den anderen Tieren, um die sich das Tierheim kümmert - sind diese Mitarbeiter stets voll beschäftigt. Es gehört zu den Grundsätzen des Tierheims, alle Hündinnen zu kastrieren. Schon dies bedeutet, daß durchschnittlich drei Kastrationsoperationen pro Tag erforderlich sind. Im Tierarztzimmer wurde Sadie einer Grunduntersuchung unterzogen, zusätzlich einer Kontrolle von Augen und Ohren bis zu Pfoten und Haarkleid. Sie wurde geimpft und entwurmt, ein tierärztlicher Bericht abgefaßt. Auch hier wurde die Reaktion der Hündin auf die tierärztliche Behandlung und die Pflege aufgezeichnet, was die positiven Feststellungen bei der Aufnahme voll bestätigte.

Der nächste Weg führte zu einem Einzelzwinger in einer der Isolierstationen. Diese sind so ausgelegt, daß der Hund alles ringsum beobachten kann, körperlicher Kontakt mit anderen Hunden aber unterbunden wird. Ziel ist, jede Ansteckung von Hund zu Hund zu vermeiden, denn jeder Neuankömmling könnte eine noch nicht ausgebrochene Erkrankung in sich tragen. Außerdem soll der Streßfaktor gemindert werden, der immer auftritt, wenn ein neuer Hund plötzlich in einen Auslauf mit anderen Hunden gesetzt wird. Der Spaziergang zum Quarantäneblock bot erste Gelegenheit zu beobachten, wie Sadie an der Leine lief, auch dies wurde aufgezeichnet. Einige Hunde zeigen dabei Furcht und sträuben sich, an der Leine geführt zu werden. Aber nach einem anfänglichen Ruck in die falsche Richtung trottete Sadie fröhlich mit in ihren Zwinger. Über eine Woche blieb sie im Isoliertrakt, wurde laufend von den Mitarbeitern überwacht. Dabei standen nachstehende Fragen im Vordergrund:

1. War sie im Zwinger sauber?
2. Erwies sie sich als zerstörerisch?
3. War ihr Stuhlgang normal?
4. War sie ein guter oder schlechter Fresser?
5. Zeigte sie irgendeine Reaktion auf Grundkommandos wie *Sitz, Platz* oder *Fuß*?

In dieser Anfangsperiode gab es mit Sadie keine irgendwie geartete Probleme oder Überraschungen. Ihre *Stubenreinheit* war nicht perfekt; sie zeigte keinerlei Anzeichen einer früheren Erziehung; ihr *Appetit* war nicht gerade groß, aber zufriedenstellend. Die Mitarbeiter müssen in dieser kritischen Eingewöhnungsphase aber alle oben dargestellten Probleme sorgfältig beobachten. Sie erzählten uns die Geschichte eines Bullmastiffs, der auch im Isolierzwinger aufgenommen wurde, der völlig normalen Stuhlgang hatte - allerdings mit der Ausnahme, daß dieser häufig Münzen enthielt, von einzelnen Pennies bis zu Fünfzig-Pence-Stücken. Über einige Tage sah es so aus, als habe man endlich den Hund gefunden, welcher der *Gans, die goldene Eier legt* gleicht. Nach einem Gesamtbetrag von £2,53 hörte der Geldfluß aber auf. Möglicherweise war seines Besitzers' Geldbeutel aufzufressen die letzte Missetat des Bullmastiffs, die ihn ins Tierheim brachte.

Bereits an dieser Stelle möchten wir mit Joy Leach bekannt machen, der neuen "Eigentümerin" von Sadie - die Bezeichnung "Halterin" wäre genauer. Obgleich meist aus praktischen Erwägungen Hundefreunde, die einen geretteten Hund in ihrem Haus aufnehmen, deren Eigentümer werden, behält sich das *Wood Green Center* das rechtliche Eigentum an dem Hund vor. Diese Vorsichtsmaßnahme dient dem Schutz des Hundes. In dem nicht auszuschließenden Fall, daß sich das neue Zuhause als ungeeignet erweist, kann man den Hund jederzeit zu seinem Schutz in das Tierheim zurückholen. Dies erfolgt auch, wenn sich der "Besitzer" als unfähig erweist, dem Hund weitere Obhut zu gewähren. Obwohl Joy bereits fünf Hunde vor und während ihrer ersten Ehejahre gehalten hatte, lag jetzt eine etwa zwölfjährige Lücke ohne Hunde hinter ihr - eine Zeit, in der sie ihre Familie aufbaute. Aber auch in dieser Zeit war ihr Haushalt nicht ohne Tiere: es gab mehrere Katzen, ein Kaninchen, einen Hamster und einen Goldfisch.

Nach der Isolationszeit wurde Sadie in einen der großen Ausläufe mit anderen Hunden umgesetzt, die auch auf ein neues Zuhause warteten. Die Entscheidung lautete, daß sie für eine Adoption freigegeben wurde. Ganz zufällig machte Joy an diesem Tag einen Ausflug nach Wood Greene. Zunächst schien die Reise wenig erfolgreich - kein Hund fiel Joy besonders auf. Aber gerade vor dem Wegfahren schaute sie über die halbgeöffnete Zwingertür und sah diese kleine, haarige, ziemlich geduckte Hündin. Es gehört zu den Grunderlebnissen bei dem Besuch eines Tierheims, daß jeder Hund einen besonders flehenden Ausdruck in seinen Augen hat und darum bettelt, mit nach Hause genommen zu werden. Dieser Blick von Sadie beeindruckte Joy - sie ließ sich die kleine Hündin reservieren. Wir haben keine Ahnung, wer sich dabei am glücklichsten fühlte - Joy, als sie sich Sadie auswählte, ehe irgend jemand anderes dies tun konnte, oder Sadie, weil sie bereits in den ersten Stunden, da sie in den großen Auslauf gesetzt wurde, ein neues liebendes Zuhause fand.

Eine solche Adoption ist aber nicht einfach nur eine Frage, den ausgewählten Hund an die Leine zu nehmen und nach Hause zu bringen. Wood Green möchte zunächst einmal die ganze Familie kennenlernen, besucht diese also zunächst zu Hause, ehe ein Hund abgegeben wird. In Joy's Fall gab es mit der Familie keine Probleme, aber der Besucher aus dem Tierheim schlug doch vor, daß zur Absicherung des Gartens der Zaun gründlich überprüft werden müßte. Da zu Joy's Familie auch Katzen gehörten, wurde vereinbart, Sadie's Reaktion auf Katzen im Tierheim zu prüfen. Diesen Test bestand sie erfolgreich, hatte dabei aber offensichtlich ihr Sonntagsgesicht gezeigt, denn noch heute mag sie Joy's Katzen nicht besonders gerne. Sadie mußte auch noch kastriert werden - dies erfolgte am 22. April - und am folgenden Tag begann Sadie's neues Leben mit Joy und ihrer Familie.

Ihren Namen erhielt Sadie, weil Joy und ihre Familie der Meinung waren, daß sie etwas einem altmodischen, kleinen Mädchen ähnele. Tatsächlich wurde ihr nachgesagt, sie wolle lieber als eine Lady betrachtet werden, weniger als der kleine Wildfang, der sie zu sein schien. Schnell gewöhnte sie sich ein. Eine der wenigen Sünden, die von ihr berichtet wurden, bestand darin, die Sonnenliege angekaut und den Inhalt über den Garten verteilt zu haben. Obgleich sie bei ihrer Ankunft noch nicht völlig stubenrein war, lernte sie schnell das richtige Verhalten. Großes Interesse, das nach wie vor besteht, hatte sie an Gartenarbeit, weil sie alle Pflanzen ausgräbt, die nach ihrer Meinung an falscher Stelle stehen. Sie liebt das Autofahren, wobei zu ihrer Bequemlichkeit die normale Limousine gegen ein Auto mit Heckklappe getauscht wurde. Sie erwies sich als begeisterter Camper.

Joy wollte sich nicht damit zufrieden geben, daß ihr Hund seine Zeit einfach nur mit fressen, schlafen, spazierengehen oder darauf zu achten, daß die Katzen nicht zu übermütig auf ihren Pfoten wurden, verbrachte. So wurde Sadie zum regelmäßigen Schüler der wöchentlichen Ausbildungskurse in Wood Green, heute ist sie Mitglied des *agility demonstration team*. Ihre Gebrauchstüchtigkeit wie Schönheit hat Sadie nachhaltig unter Beweis gestellt: Sie gewann eine stolze Sammlung von Rosetten für

Unterordnung und Wettbewerbe auf kleinen Hundeausstellungen, die für Wohltätigkeitszwecke abgehalten wurden. Wahrscheinlich lag der Gipfelpunkt ihrer Karriere darin, bei dem alljährlichen Wettbewerb um den *Rescue Dog of the Year* Zweite (runner up) zu werden, wobei sie um diese Auszeichnung im Wettbewerb gegen viertausend gerettete Hunde stand.

Als wir sie wieder besuchten, begrüßte Sadie uns bereits an der Türe. Gravitätisch reichte sie uns eine Pfote, um uns willkommen zu heißen, brachte uns dann ihr Lieblings-Quietschspielzeug und erwartete Anerkennung. Als der Briefträger kam, nahm sie die Briefe von der Türmatte auf und trug sie zu Joy. Sadie liebt es, die Welt aufmerksam zu beobachten. Sie hat ihr eigenes Lieblingsloch im Zaun, um die kleinen Katzen der Nachbarn zu betrachten. Um Besucher zu beobachten benutzt sie die Katzentür. Obwohl sie meist in ihrem Körbchen in der Küche schläft, hat sie keine Hemmungen, ihre Decke auf Joy's Schoß zu legen, ehe sie für eine Ruhepause hochklettert.

Man erzählte uns von ihren Vorlieben. Eine davon ist, mit Joy's Ehemann Martin am London-Marathonlauf teilzunehmen. Gerne rollt sie sich auch direkt neben der Familienkatze zusammen, ohne daß diese sie anfaucht. Sadie ist ein großer Erfolg! Obgleich dies in erster Linie das Ergebnis all der Liebe und Fürsorge ist, die sie bei Joy und ihrer Familie fand, hat Sadie selbst einen wesentlichen Beitrag geleistet, weil sie ihren Menschen und der Welt im Allgemeinen gegenüber ein fröhlicher, freundlicher und vertrauensvoller Hund ist. Um es mit Joy's Worten zu sagen: "Sie hat unser Leben bereichert. Wir alle sind fittere, fröhlichere Menschen geworden. Sie schließt viele Freundschaften, löst in den Menschen, auf die sie trifft, immer das Beste aus."

## KLEINE TIERHILFE-GRUPPEN

Die neuere Tierschutzentwicklung verlangt den Aufbau kleiner Rettungsgruppen (rescue groups). Sie bestehen in der Regel aus einer Gruppe von Menschen, die zum Wohle von Hunden und anderen Tieren in einem bestimmten Bereich zusammenarbeiten. Diese Gruppen sind nicht als selbständige Tierschutzvereine eingetragen, finanzieren sich aus eigenen Anstrengungen selbst. Die meisten Gruppen haben auch keine eigenen Zwingereinrichtungen, nutzen vielmehr private oder öffentliche Tierpensionen, häufig zu besonders niedrigen Gebühren. Solche Gruppen werden oftmals von Mitgliedern von Hundeausbildungsvereinen, die ihre persönliche Erfahrung und Fachkunde einbringen, aufgebaut.

In der Regel gibt es keine formelle Organisation. Die Mitglieder sind davon überzeugt, daß es viel wichtiger ist, Zeit und Geld, die verfügbar sind, zugunsten der Tiere einzusetzen, statt eine Verwaltung aufzubauen. Diese Gruppen bilden sich häufig um einige Organisationstalente, die - würden sie nicht für Tiere arbeiten - sich in irgendeiner anderen Form der Wohltätigkeit engagieren würden. Jeder einzelne leistet seinen Beitrag, wie er es vermag. Eine derart typische Tierrettungsgruppe besteht aus ungefähr zwölf bis fünfzehn Mitarbeitern, etwa die Hälfte davon beschafft das Geld, die anderen arbeiten für die Hunde. Die monatliche Zwingerrechnung beläuft sich auf etwa £600 (DM 1500,-), so daß das Beschaffen des Geldes schon einige Mühe bereitet.

Diese Gruppen versuchen, sich schon mit den Problemen der Hundehaltung zu befassen, ehe die Hunde überhaupt in ein Tierheim aufgenommen werden müssen. Sie bieten Hundebesitzern Rat und Hilfe, hoffen, vorhandene Schwierigkeiten lösen zu können, bevor der Hundebesitzer aufgibt und seinen Hund verstößt. Gerade Erfahrungen der Mitarbeiter in Erziehung zur Unterordnung sind von besonders großem Wert. Ihr Wissen wird auch gebraucht, wenn die vorübergehend in den Zwingern untergebrachten Hunde auf ihre Anpassungsfähigkeit in einer neuen Familie geprüft werden. Weiterhin erfolgen regelmäßige Besuche bei den wiedereingegliederten Hunden.

Diese Art von Hilfsgruppen wird in England auch von der Polizei und den Ordnungsbehörden eingeschaltet, wenn sich hierfür eine Notwendigkeit ergibt. Wie bei so vielen Helfern der Wohlfahrt sehen sich die Mitglieder immer wieder mit sehr vielen tragischen Fällen konfrontiert. Mit dieser Arbeit lassen sich bestimmt keine finanziellen Erträge erzielen - im Gegenteil - diese Arbeit kostet immer eigenes Geld. Der Organisator einer solchen Gruppe faßte ihre Ziele mit den Worten zusammen: "Wir tun dies alles für die Tiere!".

## HILFSWERKE DER RASSEZUCHTVEREINE

Bei der großen Anzahl von Organisationen zur Rettung einzelner Hunderassen war es uns natürlich nicht möglich, alle zu besuchen. Aus drei Gründen entschieden wir uns für das *Yorkshire Terrier Club Rescue*. Zum ersten gehört diese Hunderasse zu den populärsten in England, und wir haben schnell herausgefunden, daß Popularität zu großen Problemen führt. Zum zweiten gehört der Yorkie zu den kleinsten Hunderassen. Gerade eine Kombination von Popularität und Kleinheit macht eine solche Rasse für Hundehändler und gewerbliche Züchter besonders attraktiv. Hundezucht erfolgt häufig einzig und allein des Profits wegen, wobei man sich wenig darum kümmert, welche Zukunft die Hunde, die verkauft werden, erwartet. Der dritte Grund für den Yorkie war, daß diese Rasse in unserem Herzen einen besonderen Raum einnimmt.

*Yorkshire Terrier Rescue and Re-Homing* - um hier den vollen Titel zu nennen - deckt das ganze Land ab. Die Organisation wird von Mrs. Beryl Evans kontrolliert. Sie lebt in einem schönen Haus in einer Vorstadt von Bedford. Von hier aus wird das Netz der Repräsentanten in den einzelnen geographischen Bereichen koordiniert, so daß Hunde, die Hilfe brauchen, sehr schnell in das System aufgenommen werden und hoffentlich bald ein neues Zuhause finden. Vernünftigerweise gibt es Vereinbarungen mit den wichtigsten Tierheimen, wonach jeder Yorkie, den man in einen solchen Zwinger einliefert, an das *YTC Rescue* weitergeleitet wird. Das Haus in Bedford ist leicht zu finden. Wenn man sich der Gartentüre nähert, wird man von einem ganzen Chor von Bellern in spitzen Tönen empfangen. Es ist vielleicht etwas verwirrend, wenn man feststellt, daß einige dieser Stimmen aus einem danebenliegenden Haus kommen. Mrs. Evans erklärte uns, daß ihr Nachbar ihr hilfreich zur Seite steht, wenn vorübergehend ein zusätzliches Pflegeheim notwendig wird.

Obgleich die Tatsache, daß Hunde in Not geraten und Hilfe brauchen, nie auf die leichte Schulter genommen werden darf, kann man sagen, daß die Lage bei den Yorkies nicht unbefriedigend ist. *YTC Rescue* setzt jährlich vierhundert Hunde in ein neues Zuhause um. Wenn man das mit der Gesamtzahl der Rasse vergleicht, in der jährlich etwa zwanzigtausend Welpen gezüchtet werden, ergibt sich ein günstiges Bild. Im Durchschnitt werden jährlich nur zwei Hunde eingeschläfert, weil es sich als unmöglich erweist, sie in ein neues Heim weiterzugeben. Hiervon abgesehen liegt die Erfolgsrate der Wiedereingliederung nahezu bei 100% - eine Zahl, die bei vielen Rassehund-Hilfsorganisationen sicherlich Neid erregen kann. Andere Rassen wären bestimmt froh, auch eine Warteliste zu besitzen, auf der zeitweise immerhin 1500 bis 2000 Interessenten für solch einen geretteten Hund stehen.

Nur eine kleine Anzahl von Yorkies, die in dieses Hilfssystem kommen, sind wirklich aufgegriffene Streuner, in aller Regel kommen die Hunde von ihren Vorbesitzern. Eine kleine Streunerhündin hatte in einem Neubau gelebt, wurde von den Bauhandwerkern laufend gefüttert. Als sie alle zu Weihnachten nach Hause fuhren, haben sie die Hündin vernünftigerweise an die Hilfsorganisation weitergegeben. In Übereinstimmung mit nahezu allen Helfern hat Mrs. Evans herausgefunden, daß nur ein sehr kleiner Prozentsatz der Hunde in ihrem System kein neues Zuhause finden können. Die ganz alten Hunde, die durch vorausgegangene Mißhandlung ein Trauma entwickelten, oder jene wenigen, die ihres Wesens wegen in kein anderes Zuhause weitergegeben werden können, fallen in diese Kategorie. Diese Hunde verbringen den Rest ihres Lebens bei Mrs. Evans, werden von ihr gepflegt und versorgt.

Tina war eine von fünf ausgemusterten Zuchthündinnen, die man angebunden vor einem Supermarkt fand, begleitet von einem Zettel: "Help yourself!". Diese Hündinnen waren offensichtlich ausgesetzt worden, nachdem man mit ihnen zuvor bei jeder Hitze gezüchtet hatte, bis sie völlig ausgelaugt und fertig waren. Von den Hündinnen wurde eine direkt weitergegeben, zwei starben und für eine fand man später ein gutes Zuhause. Tina selbst wurde von Mrs. Evans übernommen. Ihr Gesäuge war durch Aufzucht einer endlosen Folge von Welpen riesig vergrößert, sie hatte einen gewaltigen Nabelbruch. Nach ihrem Aussehen konnte man sie als einen "Zombie" (lebende Leiche) bezeichnen. Sie zeigte keinerlei Reaktion, was immer man versuchte, um sich ihr zu nähern oder mit ihr zu sprechen. Sie floh in ein Versteck in der Gartenhecke, in dem sie über Monate lebte. Glücklicherweise war es Sommer und die Witterung warm. Sie fraß nur nachts, dabei kroch sie durch die offene Verandatür, schlang das Futter herunter, das dort für sie bereitstand. Der Nabelbruch wurde operiert, aber er erwies sich als so schlimm, daß er nur teilweise beseitigt werden konnte. Alle diese Geschehnisse liegen jetzt fünf Jahre zurück. Heute kommt Tina freiwillig ins Haus, aber noch immer mag sie keine Fremden, erschrickt vor jedem Lärm. Wenn man sie auf den Arm nimmt, kann man die Furcht in ihren Augen sehen. Zumindest aber akzeptiert sie heute ihr Zuhause, das ihr Sicherheit gibt.

Yorkies sind klein, kuschelig, hübsch und neugierig. Das macht sie zu vorzüglichen Lebensgefährten, für ältere und behinderte Menschen zu einer wertvollen therapeutischen Hilfe. Gerettete Yorkies wurden zu recht erfolgreichen Lebensgefährten von Patienten, die von einem Schlaganfall genesen waren, auch eines Patienten, der an *spina bifida* litt, und sind in Altersheimen außerordentlich beliebt. Nelson beispielsweise wurde für ein Heim, in dem ältere Damen lebten, angefordert. Die Pflegerin fragte, ob einer der Heiminsassen kommen könnte, um Nelson abzuholen. Zum vereinbarten Zeitpunkt kam ein Minibus, in dem nicht weniger als neun Ladies saßen, alle mit einem Gehgestell ausgestattet. Mrs. Evans reagierte großartig, sie reichte Tee und Bisquits, machte die Besucherinnen mit den Hunden vertraut. "Das einzige Problem, das auftrat, war, als sie dann alle noch vor dem Abschied unseren kleinen Waschraum benutzen wollten", sagte sie, "es kam zu einer ganzen Schlange von wandelnden Gehgestellen quer durch das Haus!" Schließlich wurde der Minibus wieder beladen und fuhr, in Begleitung von Nelson, der zusammen mit neun glücklichen älteren Ladies fröhlich aus dem Fenster schaute, von dannen.

## DIE "EIN-MANN-BAND"

Wir haben uns die vorzüglich organisierten nationalen Tierheime angesehen, wir besuchten die Hilfszwinger der Rassezuchtvereine. Beide Organisationsformen erhalten von der Öffentlichkeit oder den Rassezuchtvereinen finanzielle Unterstützung.

Wir besuchten dann noch einige Tierheime in Privatbesitz, von Menschen aufgebaut, deren Motivation ihre Liebe zum Hund ist, bei denen der feste Wille besteht, zu helfen, wann immer sie können.

Nach einigen Meilen schmaler, kurvenreicher Straßen in Suffolk und über einen recht holprigen Farmweg erreichten wir ein kleines Bauernhaus mit ziemlich verfallenen Bauten. Wir waren in Winsey Farm, im gesamten Gebiet als Heimat unerwünschter Tiere aller Art berühmt, besonderes als Zufluchtstätte für Hunde. Unter der Obhut von Leah und Harry Lovett ist dies ein Tierheim, auf dessen Habenseite der Bilanz geschrieben steht, daß es nur äußerst selten irgendwelche Zuschüsse durch Wohlfahrtsorganisationen für seine Hunde erhielt. Die Familie Lovett hat ein gläubiges Gottvertrauen, ist davon überzeugt, daß alle Kreaturen auf dieser Erde Liebe und Fürsorge verdienen. Hört man den Lovetts zu, wenn sie über ihre Arbeit sprechen, gewinnt man das Gefühl, daß es zeitweise nur wenig anderes gibt als ihren festen Glauben, der ihnen hilft, mit einer Aufgabe fertigzuwerden, die sie sich selbst gestellt haben. Sie beide sind Mitte Siebzig und haben sich in den vergangenen fünfunddreißig Jahren ihres Lebens der Rettung von Hunden verschrieben.

Am Tor wurden wir von Leah begrüßt, neben ihr mindestens sechs kleine Hunde. Alle waren fest entschlossen, uns ins Haus zu begleiten. Vier der kleinen Kerle hatten Erfolg, kletterten uns sofort auf den Schoß und machten es sich zum Schlafen bequem. Das Gesamtlebensalter dieser Hunde belief sich auf ungefähr fünfundvierzig Jahre, jeder einzelne hatte seine eigene Geschichte. Einer war als Welpe angekommen, derart mit Demodex-Räude bedeckt, daß der Tierarzt geraten hatte, den Hund einzuschläfern. Leah heilte die Räude aus. Heute - zwölf Jahre später - ist der Hund noch immer munter. Eine Hündin hat nur drei Läufe. Während sie trug, war die Hündin getreten worden, dabei brach einer ihrer Läufe. Der Besitzer weigerte sich, nach dem Lauf sehen zu lassen. Schließlich rettete Leah die Hündin, zu diesem Zeitpunkt war das Bein aber bereits septisch, mußte amputiert werden. Trotz allem zog die Hündin ihre Welpen auf und lebt heute - zehn Jahre später - noch immer bei Leah.

Eigentlich hatten die Lovetts überhaupt nicht die Absicht, ein Tierheim aufzubauen, sie begannen mit einer Tierpension. Aber bereits der zweite Pensionsgast blieb im Heim, da sein Besitzer ihn nicht mehr zurückhaben wollte. Sehr schnell übertraf die Anzahl der geretteten Hunde die der Pensionsgäste, und dies war der Anfang, der in den folgenden fünfunddreißig Jahren seine Fortsetzung fand. Geldnot ist ein ständiges Problem. Keiner der Hunde wird verkauft, aber Hundeliebhaber, die einem Hund ein neues Zuhause bieten, bittet man um eine Spende. Viele der Tiere - darunter ein Fuchs, ein Kakadu und ein Esel - bleiben über ihr ganzes Leben bei den Lovetts - und alle müssen gefüttert werden. Örtliche kleine Gewerbebetriebe leisten Hilfe. So bringt der Bäcker einen regelmäßigen Zuschuß mit übriggebliebenen Backwaren. Aus den Fleischpasteten und Wurstrollen wird der Fleischinhalt entfernt und an die Hunde verfüttert. Der Gebäckanteil wird zu Hühnerfutter. Diese Hühner liefern täglich etwa dreißig Eier, die gekocht dem Hundefutter beigegeben werden. Von den örtlichen Straßen und Wegen kommen laufend überfahrene Kaninchen und Fasane, die - wenn sie nicht zu sehr beschädigt sind - zur Fleischquelle für die Hunde werden, wobei die Überreste der Gerippe an den Fuchs und die Frettchen verfüttert werden. In einem Jahr kam es zu einem echten Weihnachtsgeschenk. Ein ortsansässiger Farmer brachte einen ganzen Hirsch, der getötet werden mußte, weil er sich während eines Sturms schwer in einem Stacheldrahtzaun verletzt hatte. Die ortsansässigen Tierärzte und das Cambridge University Veterinary College helfen durch tierärztliche

Betreuung. Auf der Sollseite sei erwähnt, daß die örtlichen Sozialdienste, obwohl sie um Hilfe für Hunde fragen, die ihren Klienten gehören, keinerlei Versuche unternehmen, für diese Hilfe etwas zu bezahlen!

Leah ist zutiefst davon überzeugt, daß Gebete viele ihrer Probleme lösen. So erzählt sie die Geschichte eines Telefonanrufs einen Tag vor Weihnachten. Man bat sie, eine Westie-Hündin aufzunehmen. Die Besitzerin wollte über Weihnachten verreisen, war aber nicht bereit, für den Aufenthalt ihres Westies während ihrer Ferien irgendwelches Geld an eine Tierpension zu zahlen; ebensowenig war sie bereit, Geld auszugeben, um die Hündin zu den Lovetts zu schicken. Wenn Leah nicht kommen wolle und die Hündin mitnehme, so drohte diese Frau, würde sie ihren Sohn anweisen, die Hündin zu töten. Wenn sie dann nach ihrem Urlaub wieder einen Hund haben wolle, kaufe sie sich eben einen anderen.

Leah hatte weder Platz in ihrem Zwinger noch Transportmöglichkeiten, sie bat aber die Besitzerin, ihr einige Stunden Zeit zu lassen, um sich etwas auszudenken. Leah's Gebete wurden erhört. Eine Stunde später erreichte sie ein tränenreicher Telefonanruf einer Lady, die sagte, daß ihr geliebter Westie gerade gestorben sei. Sie wisse nicht, wie sie so ganz alleine ohne die Gesellschaft ihres Hundes über das Weihnachtsfest kommen könne. Leah gab ihr die Adresse des Westies und instruierte sie darauf hinzuweisen, daß sie diesen Hund für Leah abhole. Sie wünschte der Westie-Hündin und ihrer neuen Besitzerin ein fröhliches Weihnachtsfest - hatte in einer großen Notlage helfen können. Die Geschichte ist aber noch nicht zu Ende. Bei ihrer Rückkehr aus den Ferien verlangte die Erstbesitzerin ihren Hund zurück. Sie bekam eine ziemlich grobe Antwort!

Obgleich Winsey Farm im Vergleich zu den großen Tierschutzorganisationen sehr anders ist, spielt auch dieses Heim bei der Unterbringung alleingelassener Tiere eine ganz wichtige Rolle. Am Ende einer Schulstunde schaute ein Lehrer auf einen Käfig mit Mäusen, die von der Schulklasse unterhalten wurden. Er fragte: "Wer hat zu Hause eine Katze?" Fünf Kinder hoben ihre Hände. "Gut", erklärte der Lehrer, "jeder von Euch kann eine Maus haben, bringt sie Eurer Katze mit nach Hause." Ein in Tränen aufgelöster, kleiner Junge erzählte die Geschichte seinen Eltern, die Mäuse wurden gerettet, und wie immer, eine der Mäuse kam schließlich zu den Lovetts. "Wir vermuten, sie haben sie aufgenommen." sagten wir. "Oh ja!" antwortete Leah, "ein süßer kleiner Kerl, er lebt in seinem Käfig in der Küche."

Die Lovetts haben eine eigene Lebensphilosophie: "Sage nie nein zu einem Tier in Not!" Einer ganzen Anzahl von Hunden wäre es ohne sie viel schlimmer ergangen.

*Kapitel 3*

# Zusammenleben mit einem geretteten Hund

Das Vergnügen, einen Hund zu besitzen, wird je nachdem gewonnen oder auch wesentlich beeinträchtigt, wieviel Gedanken und Mühe man sich mit seiner Pflege, seinem Verstehen, seiner Ausbildung - kurz: dem Aufbau einer guten Beziehung zu ihm - macht.

Mit der Erziehung befassen wir uns in Kapitel 5 näher. Dieses Kapitel konzentriert sich auf allgemeine Pflege, die bereits in dem Augenblick beginnt, wenn Du Deinen Hund aus dem Tierheim abholst.

**ABHOLUNG DES HUNDES**　　Wenn du Deinen Hund aus dem Tierheim abholst, besitzt er möglicherweise schon Halsband und Leine. Wenn ja, schau Dir Halsband wie Leine gut an, während Du noch sicher im Zwinger bist. Die Tatsache, daß der Hund von seinem früheren Besitzer nicht mehr gewollt wurde, bedeutet möglicherweise, daß er auch nicht bereit war, Geld für gute und sichere Ausstattung auszugeben. Vielleicht sind Halsband und Leine ziemlich abgenutzt und brüchig, werden vielleicht sogar nur mit einer Schnur zusammengehalten.

Diese Ausrüstung reichte vielleicht aus, solange der Hund noch bei seinem Besitzer war, den er kannte. Jetzt wird der Hund aber von einem Fremden in eine für ihn unbekannte Zukunft geführt. Aller Wahrscheinlichkeit nach wird der Hund versuchen, sich von Dir loszureißen. Wenn er dabei auf einer verkehrsreichen Straße entkommt, hast Du nur wenig Chancen, ihn wieder einzufangen - ein weiterer Streuner bevölkert dann die Straßen.

Für Deinen neuen Hund empfehlen wir dringend ein Lederhalsband guter Qualität, das in der Größe exakt dem Hals angepaßt wird. Dabei solltest Du ohne große Mühe oder Unannehmlichkeit für den Hund einen Finger zwischen Hals und Halsband schieben können. Das Halsband darf nicht zu locker angelegt werden, andernfalls kann der Hund es sich mit den Pfoten über den Kopf streifen oder rückwärts herausschlüpfen. Das Halsband muß für den Hund bequem genug sein, um es ständig zu tragen, nicht nur auf Spaziergängen. Dies bedeutet, daß man ihn leichter einfangen kann, wenn er aus irgendwelchen Gründen auskommt, und daß er immer seine Hundemarke trägt.

Neben dem Halsband brauchst Du eine flache Lederleine von einer Stärke, die zur Größe des Hundes paßt. Am besten ist eine ziemlich lange Leine, die man durch Wickeln um die Faust verkürzen kann. Dadurch hat man, je nach den Umständen, eine gewisse Flexibilität. Achte darauf, daß der Karabinerhaken wirklich von sehr guter Qualität ist. Billige, gebogene Zinkkarabiner brechen im kritischen Augenblick. Denke daran, daß Nylonleinen in Deine Hand schneiden, wenn der Hund stark zieht.

**DIE HEIMREISE**　　Wenn Dein Hund - durch Halsband und Leine gesichert - mit Dir den Zwinger verläßt, geht es nach Hause. Meist erfolgt eine solche Reise im Auto. Denke daran: für den Hund bist Du ein Fremder. Auch Dein Auto ist fremd, möglicherweise fürchtet sich der Hund. Man sollte immer einen Begleiter mitnehmen, der neben dem Hund sitzt und ihn festhält. Bei einem kleinen Hund könnte es sich lohnen, für die Reise einen kleinen Drahtkäfig auszuborgen.

So gerne Deine Kinder auch mitkommen wollen, um ihren neuen Freund abzuholen - ist es in aller Regel besser, sie bei dieser Gelegenheit zu Hause zu lassen. Man weiß nie, wie sich der Hund verhält - ob er sich fürchtet oder gar aggressiv wird. Der hintere Sitz eines fahrenden Autos, mit Kindern besetzt, ist kein Platz, wenn so etwas eintritt. Ein altes Rezept eines Hundekenners lautet, die letzten zehn Zentimeter der Leine in die Autotür einzuklemmen, so daß diese nach außen hängt. Auf diese Art kann man die Leine vor dem Öffnen der Tür in die Hand nehmen und verhindern, daß der Hund bei der Ankunft mit einem wilden Satz das Weite sucht.

**DIE ANKUNFT ZU HAUSE**    Ehe Du einen Hund mit nach Hause nimmst, mußt Du immer dafür sorgen, daß Dein Garten so eingezäunt ist, daß der Hund keinesfalls ausbrechen kann. Die meisten Hunde lernen schnell die Grenzen ihres Territoriums kennen, sie erweitern sie aber auch gerne, wenn ihnen das körperlich möglich ist. Es gibt Hunde, die ohne Schwierigkeit einen Zaun mit einer Höhe von 1,80m überspringen. Dies bedeutet aber bestimmt nicht, daß Du Deinen Garten in eine Festung verwandeln sollst. Für den fest entschlossenen Ausbrecher bietet nur ein kleiner Auslauf mit Überdachung die notwendige Sicherheit, während er im übrigen Garten ausschließlich unter Aufsicht frei laufen darf.

Eine vernünftige Einzäunung erfolgt mit einem Gittergeflecht in Höhe von 1,60m bis 1,80m. Diese Maße gelten ohne ein etwa 15cm langes Bodenstück des Zaunes, welches man am besten in den Boden fest eingräbt. Grundsätzlich ist es eine gute Idee, einen aus Beton bestehenden oder mit Steinen ausgelegten Streifen am Fuße des Zauns entlangzuziehen, um den Hund vom Graben abzuhalten und Graswuchs zu unterbinden. Am besten beschränkt man den Auslauf des Hundes auf den hinteren Gartenteil, so daß Postbote, Milchmann und andere Besucher ungestörten Zutritt haben.

Der Tag der Ankunft Deines neuen Hundes sollte nicht als Gelegenheit für eine Willkommensparty für Familie, Verwandte und Freunde mißverstanden werden. Der Wechsel der Umwelt ist für den Hund bereits traumatisch genug, auch ohne daß er sich mit einer Menge fremder Leute befassen muß. Du solltest dem Hund die Chance geben, sein neues Zuhause in aller Ruhe zu erforschen und sich einzugewöhnen. Mache Deinen Kindern klar, daß sie keinen Lärm oder plötzliche Bewegungen machen dürfen. Gestatte dem Hund, sie einzeln nacheinander kennenzulernen, anstatt ihn durch Freundlichkeit zum falschen Zeitpunkt und an falscher Stelle zu verhätscheln und zu erschrecken. Keinesfalls darfst Du Deinen Kindern erlauben, überenthusiastisch auf den Neuankömmling zu reagieren und sofort wild mit ihm zu spielen. Der Hund - insbesondere wenn er noch jung ist - braucht angemessene Ruhe. Keinesfalls solltest Du erlauben, daß er immer wieder aus dem Schlaf gerissen wird, um mit ihm zu spielen.

Besitzt Du bereits ein anderes Haustier, achte darauf, daß der Neuankömmling mit ihm, unter Überwachung, vertraut gemacht wird. Hast Du bereits einen Hund in Deinem Haus, sollte man die beiden Vierbeiner am besten erstmals auf neutralem Boden zusammenbringen, beispielsweise im Park, so daß sich für den vorhandenen Hund nicht die Situation stellt, daß ein Fremder in sein Territorium eindringt. Bei einer eigenen Katze muß die erste Begegnung unter Kontrolle erfolgen, so daß das Paar von Anfang an eine richtige Haltung zueinander findet. Das vorhandene Haustier, insbesondere wenn es sich um einen Hund handelt, braucht während der Eingewöhnungsphase sehr viel Extraliebe und Aufmerksamkeit. Nichts bringt aller Wahrscheinlichkeit nach mehr Probleme als Eifersucht, wenn Dein alter und treuer Gefährte den Eindruck gewinnt, er habe seinen Platz an einen jungen Eindringling verloren.

**DIE ERSTE MAHLZEIT**    Das erste Ereignis für Deinen neuen Familienhund zu Hause besteht wahrscheinlich in einem großen und schmackhaften Mahl, sowohl um die vorangegangene Isolierung zu kompensieren als auch um ihm zu zeigen, daß von nun an sein Leben besser wird. Leider ist es höchstwahrscheinlich, daß der Hund als Reaktion auf diese Zuwendung ziemlich starken Durchfall entwickelt - sicherlich das Gegenteil von dem, was Deiner Beziehung zu ihm oder Deinem Teppich nützt. Eine plötzliche Veränderung der Ernährung eines Hundes - auch eine Vergrößerung des Volumens - kann den Magen des Hundes, der schon aufgrund des Wechsels der Umwelt stark strapaziert ist, zusätzlich belasten. Gegenmaßnahmen bei Durchfall sind in Kapitel 6 - Gesundheitsvorsorge - behandelt. Es ist aber bestimmt besser, eine solche Entwicklung zu vermeiden, die - einmal ausgelöst - sehr schwierig zu behandeln ist. War Dein Hund schon über längere Zeit im Tierheimzwinger, können Dir die Mitarbeiter leicht sagen, mit welchem Futter er ernährt wurde. Am besten läßt man sich einige Tagesrationen mit nach Hause geben. Unter allen Umständen solltest Du, bis sich Dein Hund eingewöhnt hat, immer nur kleine Mengen verabreichen (Fütterung und Ernährung wird im einzelnen in Kapitel 4 behandelt).

**SCHLAFPLATZ**    Einige Hunde - besonders die kleinen - sind der Meinung, daß Du selbst ihr bester Schlafplatz wärest. Sie werden versuchen, sich so dicht wie möglich an Dich anzukuscheln. Auch beim Zubettgehen wird Dich der Hund begleiten. Machst Du es Dir auf Deinem Lieblingsstuhl bequem, wird sich der Hund neben Dich drängen. Das Glück eines solchen Hundes liegt im engsten Körperkontakt zu dem Menschen, den er liebt, der ihn wiederliebt und sich möglichst eng mit ihm beschäftigt. Zu dieser Art von Beziehung ist viel zu sagen. Je mehr Zeit Hund und Mensch gemeinsam verbringen, umso besser ist das wechselseitige Verstehen.

Wir selbst besaßen einen vielgeliebten Yorkshire Terrier, der immer auf unserem Bett schlief. Gelegentlich sprang er nachts vom Bett, streckte die Läufe und hüpfte wieder hinein. Dies war alles recht gut, bis Alter und Herzprobleme seine Kräfte schwächten. Wir wurden durch stetiges Anstoßen immer wieder aufgeweckt, wenn er wiederholt ohne Erfolg versuchte, ins Bett zurückzuspringen. Nicht nur, daß wir aufwachten - die ganze Angelegenheit beunruhigte uns zusehends, da wir befürchteten, er könne einen neuen Herzanfall erleiden. Müde streckte sich einer von uns aus, tastete ins Dunkel und hob ihn ins Bett zurück. Schließlich blieb uns nur noch eine Möglichkeit - wir sägten die Füße des Bettes ab. Unsere Alternative war, auf dem Boden zu schlafen. Nicht jedermann ist bereit, für seinen Hund so viel zu tun.

Was ergibt sich hieraus? Zum Nutzen des Hundes und im Interesse seiner Sicherheit braucht er sein eigenes Bett, einen Platz, wohin er sich zurückziehen kann, wenn er ein Nickerchen machen möchte oder wenn ihm sein Besitzer sagt, er solle sich zurückziehen. Wo dieses Bett steht, hängt von den häuslichen Verhältnissen ab. Es ist vorteilhaft, wenn man den Hund von bestimmten Teilen des Hauses ausschließen kann - beispielsweise beim Staubsaugen oder wenn Besucher kommen, die der Hund nicht mag. Andererseits, wenn es darum geht, eine möglichst enge Beziehung zu Deinem Hund aufzubauen, solltest Du soviel Zeit wie möglich mit ihm gemeinsam verbringen. Dies bedeutet, daß ein Platz unter dem Küchentisch wahrscheinlich der beste Standort für das Hundelager wäre. Du kannst - wenn erforderlich - die Türe schließen. Liegt der Hund unter dem Tisch, hat er seinen eigenen Platz, der ihm auch ein Gefühl der Sicherheit vermittelt - und Du fällst nicht immer über ihn!

Für mittelgroße oder große Hunde - auch für Hunde, die im Hause allein gelassen möglicherweise Zerstörungen anrichten - könnte man über einen Zwinger oder über einen kleinen Auslauf im Garten nachdenken. Das soll bestimmt nicht heißen, daß Dein Hund dauernd in einem Zwinger leben muß. Vielmehr ist ein solcher Zwinger für Deinen Hund in Deiner Abwesenheit eine sichere Unterbringung, auch wenn Du ihn gerade einmal nicht im Haus brauchen kannst. Der Nachteil von Zwingern außerhalb des Hauses, besonders wenn man nahe zu Nachbarn lebt, besteht darin, daß der Hund möglicherweise manche Zeit damit verbringt, die Katze im Nachbarhaus zu verbellen oder auch sonst einigen Unfug anrichtet.

Für einen kleinen oder mittleren Hund ist die Alternative zu einem Zwinger im Garten ein großer Drahtkäfig, den man in einer passenden Ecke im Haus unterbringt. Ein solcher Käfig muß so groß sein, daß der Hund in voller Körpergröße darin stehen, sich auch umdrehen und in voller Länge liegen kann. Der Vorteil dieses Käfigs besteht darin, daß der Hund alle Aktivitäten der Familie hört und sieht. Solche Käfige werden von vielen Hundezüchtern, auch beim Aufziehen eines Welpen, benutzt, um ihn alles hören und sehen zu lassen. Meistens gewöhnt sich ein Hund so stark an dieses Lager, daß er es sogar bei offenstehender Tür von sich aus als Schlafplatz wählt.

Wichtig ist aber, Außenzwinger oder Käfig sollten immer nur über kürzere Zeiträume benutzt werden. Unter gar keinen Umständen solltest Du eine der altmodischen Hundeketten verwenden, um den Hund im Garten anzuketten. Dabei ist der Hund meist gegen die Witterung wenig geschützt, verbringt seine Zeit damit, an der Kette zu reißen, zu kläffen und sein Territorium zu verteidigen.

**HUNDELAGER**  Ein Hundebett mit Seitenwänden schützt den Hund vor Zugluft, hält die Einlagen zusammen, ermöglicht es ihm, auch seine Lieblingsspielsachen mit unterzubringen. Dabei empfehlen wir nicht die altmodischen Weidenkörbe mit Stoffeinlage. Ein Hund wird bei längerem Alleinsein aus Langeweile nur zu gerne die Kanten ankauen. Wir haben viele solcher Körbe gesehen, die der Hund durch Abkauen der ganzen Seitenwände in eine flache Scheibe verwandelt hatte.

Kunststoffschalen sind gegen Kauen ziemlich widerstandsfähig und lassen sich leicht sauberhalten. Wächst Dein Hund noch, mußt Du die Schale so groß kaufen, daß er auch als ausgewachsener Hund genügend Platz findet. Hast Du einen Welpen, der noch stark wachsen wird, ist es sicherlich besser, einen festen Karton (ohne Metallklammern!) zu wählen, den man leicht ersetzen kann, wenn der Hund alt genug ist, um sein endgültiges Lager zu bekommen.

Dein Hund braucht für sein Lager Einlagen. Hierfür kann man zuerst den Boden mit Zeitungspapier auslegen und mit einem alten Tuch abdecken. Wenn Dein Hund gerade bei Dir im Haus angekommen ist, könnte er, um Streß und Angstgefühle abzureagieren, zunächst einmal seine Decke in Stücke reißen. Deshalb ist es ratsam, anfangs eine alte Decke, ausrangierte Vorhänge oder ein Stück Teppich zu wählen. Nichts kann für die neue Beziehung schlimmer sein als am ersten Tag die teure neue Einlage, eigens zur Bequemlichkeit des Hundes angeschafft, in kleine Stücke zerrissen vorzufinden. Zerstört der Hund seine erste Einlage und die dabei angefallenen Reste reichen als Polsterung noch aus, solltest Du sie ihm einfach so lassen. Vielleicht ist dies für den Anfang die Art, wie Dein Hund sein Lager ausgepolstert haben möchte.

Die Hundedecke muß gelegentlich in die Waschmaschine - nicht zu häufig - denn Hunde lieben ihren eigenen vertrauten Geruch. Für die Filter in Deiner Waschmaschine können Hundehaare zum Problem werden. Es ist deshalb unter Umständen besser, die Decke mit der Hand zu waschen. Wenn man dem Hund ein zusätzliches Polster oder Kissen ins Lager gibt, sollte man sicher sein, daß die Kissenfüllung nicht aus kleinen Federn oder Daunen besteht. Macht sich Dein Hund daran zu erforschen, was in dem Kissen steckt, könntest Du bei Deiner Rückkehr einen großen Haufen Federn finden, aus dem nur noch Nase und Ohren des Hundes herausschauen! Die nächsten paar Wochen hast Du dann das Vergnügen, die Federn aus allen Ecken im Hause wieder einzusammeln. Das gleiche gilt übrigens für das sogenannte *Bohnensack-Hundebett (bean bag)*. Hunde mögen es sehr, finden es auch bequem, wenn aber aus der Hülle die winzige, bohnenförmige Füllung entweicht, findet man sie über die ganze Wohnung verstreut wieder.

**HUNDESCHÜSSELN**   Dein Hund braucht eine Wasserschüssel und eine Futterschüssel.. Es ist vorteilhaft, wenn der Hund seine Spezialschüsseln hat, die er kennt und die ausschließlich ihm zur Verfügung stehen. Für Hunde hergestellte Plastikschüsseln sind billig und tauglich. Ihr großer Nachteil liegt darin, daß sie aufgrund ihres geringen Gewichtes immer über den Boden rutschen. So muß der Hund seinem Fressen immer bis unter den Tisch nachlaufen. Schüsseln aus schwerem, braunem Steingut sehen sehr attraktiv aus. Hast Du aber einen jener Hunde, die Dir als Erinnerung, daß es Zeit für die Fütterung ist, ihre Schüssel anschleppen, wirst Du bald erfahren, daß Steinguttöpfe beim Fallenlassen auf eine harte Oberfläche zerspringen. Die besten Schüsseln sind daher immer aus rostfreiem Edelstahl. Sie lassen sich leicht reinigen und halten ein Leben lang.

**SPIELZEUG**   Wie bei den verschiedenen Futterarten gibt es auch Spielzeug, das eigens entwickelt wurde, Dir zu gefallen und nicht dem Hund. Vielleicht macht es Dir Freude zu beobachten, wie Dein Hund die Nase des Plastikmodells eines Politikers, den Du am wenigsten magst, abkaut. Trotzdem scheint es recht zweifelhaft, ob Dein Hund versteht, wieviel Du für ein solches Spielzeug bezahlt hast. Wahrscheinlich wäre Dein Hund mit einem Deiner alten Socken ebenso zufrieden.

Hunde sind wie Kinder oft am glücklichsten mit Spielzeug, das einfach und billig ist. Pappschachteln machen eigentlich immer Freude. Viele Hunde lieben es, einem Stock nachzujagen. Hiervon ist aber abzuraten, weil sich scharfe Splitter ablösen und in die Kehle Deines Hundes eindringen könnten, auch für die Augen gibt es hier Risiken.

Wenn Du Deinem Hund Spielzeug kaufst, ist ein harter Gummiball oder Kauknochen in verschiedenen Formen immer das Beste. Solche Gegenstände ermöglichen dem Hund meist ausgiebiges Kauen und können auch zum Apportieren geworfen werden. Wichtig ist immer,. daß das Spielzeug groß genug ist. Keinesfalls darf ein Ball oder ähnliches in der Kehle des Hundes steckenbleiben. Nur zu leicht passiert es, daß ein Hund einem kleinen Ball nachjagt, ihn in der Erregung verschluckt und daran erstickt. Selbst für einen Kleinhund ist alles, was nicht die Größe eines Tennisballes hat, einfach zu klein.

Einige Hunde lieben quietschendes Spielzeug, andere sehen darin eine Beute, die es sofort zu töten gilt - zumindest den Auslöser des Quietschens. Wir kennen zwei sehr kleine Hunde, deren Haltung gegenüber Quietschspielzeug in direktem Widerspruch zu ihrem normalen Wesen steht. Einer dieser Hunde - ein außerordentlich liebenswerter, freundlicher kleiner Kerl -  zeigte niemals irgendwelche Anzeichen von Aggression. Sein Quietschspielzeug zerstörte er beim ersten Angriff, verlor dann jegliches Interesse daran. Der andere Hund - mit den typischen Merkmalen eines Ter-

Im Zoofachhandel findet man ein breites Angebot von Hundebetten. Am dauerhaftesten ist eine nierenförmige Kunststoffschale (in der Mitte abgebildet), die man dem Hund mit einer schönen Decke oder Flieseinlage behaglich macht.

Foto: Steve Nash

Man braucht immer je eine Futterschüssel und Wasserschüssel. Rostfreier Stahl läßt sich am leichtesten reinigen und hält ein Leben lang.

Foto: Steve Nash

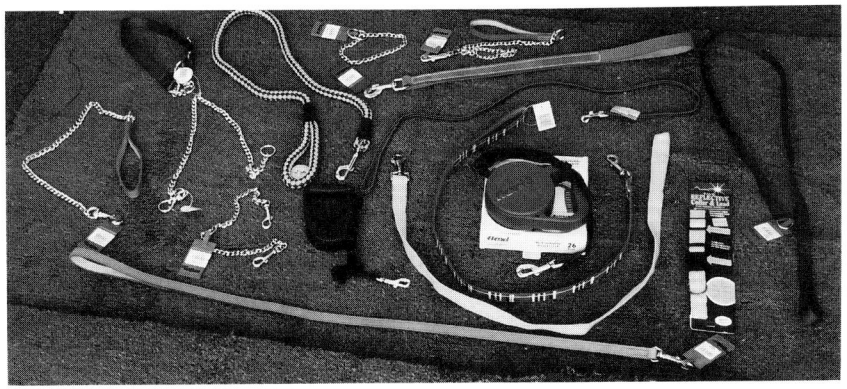

*Am besten wählt man eine gute Lederleine mit kräftigem Karabiner (wie abgebildet), die reißfest und zuverlässig sein muß. Eine Rolleine ist gleichfalls eine empfehlenswerte Ausrüstung.*

Foto: Steve Nash

*Beim Spielzeugkauf solltest Du nur solches auswählen, das robust ist und nicht in kleine Stücke zerkaut werden kann. Das Spielzeug muß immer groß genug sein, darf nie verschluckt werden können.*

Foto: Steve Nash

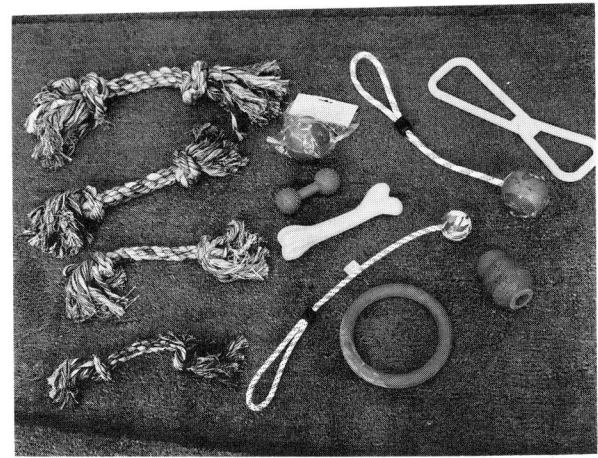

riers - spielte über Stunden mit einem quietschenden Spielzeug, ohne es in irgendeiner Weise zu zerstören. Der Unterschied liegt darin, daß der das Quietschspielzeug hassende Hund etwas größer war und sofort Kontrolle über das Spielzeug bekam - damit hatte der Terrier seinen geliebten Quietscher verloren!

**HALSBÄNDER UND LEINEN** Du hast bereits Lederhalsband und Leine von guter Qualität gekauft, möglicherweise interessieren Dich aber noch einige weitere Ausrüstungsgegenstände, die zur Erziehung und zum Spazierenführen recht nützlich sind.

**Ausziehleine:** Beim Spaziergang durch die Straßen sollte der Hund immer angeleint sein. Geht man auf öffentlichem Gelände - etwa durch Parks - ist es in vielen Fällen notwendig, daß auch hier der Hund angeleint bleibt. Um dem Hund dabei soviel Freiheit wie möglich zu geben - ihn aber voll zu kontrollieren - empfiehlt sich eine der langen Schnurleinen, die sich in einer mit einer Feder ausgestatteten Trommel mit Plastikgriff selbst aufwickeln. Bei solchen mit Federn ausgestatteten Ausziehleinen verkürzt sich die Leine, wenn der Zug aufhört, immer automatisch. Die Verlängerung der Leine kann durch eine, mittels einem Knopf auszulösenden Bremse kontrolliert werden. Der Knopf ist in den Griff eingearbeitet. Die automatische Leinenverkürzung, wenn der Zug aufhört, verhindert, daß sich der Hund in der langen Leine verwickelt, erlaubt ihm aber immer eine gewisse Bewegungsfreiheit. Leinen dieser Art erhält man in jedem guten Zoofachgeschäft, es gibt sie in einer Vielfalt von Längen, passend für kleine, mittelgroße und auch große Hunde.

**Würgekette:** Für die Hundeerziehung ist die sogenannte Würgekette recht beliebt, insbesondere bei großen Hunden. Trotz ihres Namens würgt diese Kette - korrekt eingesetzt - den Hund nicht, solange er sich unterordnet. Vielmehr gebraucht man diese Halsung als Signal an den Hund, daß, wenn er weiter an der Leine zieht, dies für ihn zu einem sehr unangenehmen Ruck des Halsbandes führt. Mit einer Würgekette ausgestattet darf man einen Hund nie unbeaufsichtigt alleine lassen, sonst besteht das Risiko, daß sich die Kette irgendwo verfängt und der Hund stranguliert wird. Ganz besonders wichtig ist es, daran zu denken, daß eine solche Würgekette ausschließlich ein Erziehungsmittel darstellt. Sie wird dem Hund nur für die Unterrichtsstunde angelegt. Im Alltag hat sie am Hals des Hundes nichts zu suchen.

**BRUSTGESCHIRR** Du kannst für Deinen Hund auch ein Brustgeschirr kaufen, an dem die Leine zwischen den Schultern des Hundes eingehakt wird. Für große Hunde sind solche Geschirre unbrauchbar, denn sie ermöglichen wenig Kontrolle, erlauben dem Hund, wie ein Karrenpferd Dich hinter sich herzuschleppen. Es ist auch ziemlich kompliziert, das Geschirr anzulegen. Für kleine Hunde jedoch, beispielsweise Yorkshire-Terrier, die sich weigern, ruhig an der Leine zu gehen und sich selbst durch Ziehen am Halsband zu einem fast erstickenden Leinenwrack machen, kann ein solches Geschirr eine sinnvolle Alternative sein. Empfehlenswert ist ein Brustgeschirr dann, wenn der Hund am Hals besonders empfindlich ist. Auch bei Rassehunden mit imposanten Halskrausen, die durch ein Halsband leicht zerstört werden könnten, bietet es eine Alternative.

**MAULKORB** Die meisten Hundebesitzer lehnen es ab, einem Hund - ihrem Freund und Lebensgefährten - einen Maulkorb aufzuziehen. Es gibt aber einige Umstände, die einen Maulkorb erfordern. Der altmodische Maulkorbtyp, der aus einer Vielfalt einzelner Streifen besteht, muß zu seiner Wirksamkeit besonders eng angelegt werden. Dabei kann der Hund einen Teil des Maulkorbs zwischen seine Zähne bringen und diesen durchbeißen. Die Enge des Maulkorbs kann auch zu Streßzuständen führen.

Zwei Maulkorbtypen sind brauchbar. Der eine Typ wird auch für Heeres- und Diensthunde verwendet. Er besteht aus einem breiten, trichterförmigen Lederband, das über den Hundefang paßt und mit Lederriemen hinter den Ohren festgeschnallt wird. Mit diesem Maulkorb kann der Hund noch immer unbeschwert atmen, nicht aber beißen. Leider ist dieser Maulkorbtyp für kurznasige Rassen, wie Boxer oder Bulldog, unbrauchbar.

Als Alternative empfiehlt sich ein gitterförmiger Maulkorb, hergestellt aus halbsteifem Material, das in einer Art Korb Kopf und Nase umschließt. Auch diese Lösung erlaubt dem Hund, zu atmen und den Fang zu öffnen, hindert ihn aber am Beißen. Sehr wichtig! Niemals darf ein Maulkorb über längere Zeitspannen angelegt werden!

**HALTI**  Ist Dein Hund aus dem Tierheim seiner Größe oder Natur nach so veranlagt, daß er sich beim angeleinten Spazierengehen als sehr unkooperativ erweist, solltest Du zur Erziehung von guten Manieren daran denken, ihm ein sogenanntes "Kopfhalfter" anzulegen. Es handelt sich dabei um eine Anordnung von leichten Nylonbändern, die einem Pferdehalfter ähnelt - aber nicht als Maulkorb wirken kann; der Ring für die Leine ist unterhalb des Hundefangs angebracht. Das Ziehen an der Leine bewegt den Hundekopf in Richtung seines Brustkorbs, damit .wird das Ziehen automatisch unmöglich. Dieses Ausrüstungsstück hilft nachhaltig, den Hund zu kontrollieren. Verbindet man dies mit dem Kommando "langsam", trägt es zur weiteren Erziehung bei. Keinesfalls ersetzt es das normale Grundhalsband, das man immer am Hund belassen sollte, auch wenn das Halti angelegt wird. Besonders hilfreich erweist sich ein Halti, wenn kleinere, körperlich weniger stabile Menschen Kontrolle über große, starke Hunde ausüben wollen.

**PFLEGE**  Gleich ob kurz- oder langhaarig, jeder Hund braucht regelmäßige Pflegezeiten. Langhaarige Hunde müssen häufiger und gründlicher gepflegt werden als kurzhaarige. Man muß wissen: Hundehaar wächst nicht unaufhörlich, wie das Haar von Menschen. Nach einer gewissen Zeit hört das Haar auf zu wachsen, fällt nach einiger Zeit aus, an gleicher Stelle wächst neues Haar. Wenn ein Hund unter normalen Witterungsverhältnissen lebt, fällt sein Haar im Frühjahr und Herbst aus, man nennt dies den Fellwechsel. Moderne, zentralbeheizte Häuser bringen es mit sich, daß die natürlichen Temperaturunterschiede nicht auftreten, dementsprechend haart der Hund meist ununterbrochen. Es ist besser, anstatt eine dauernde Kaskade loser Haare auf Teppichen und Sesseln zu haben, die dann auf die Kleider und bis in die Nase übertragen werden, den Hund regelmäßig zu pflegen. Dadurch sammelt sich das lose Haar auf der Bürste und im Kamm, kann anschließend leicht entfernt werden.

Ausnahmen von diesem Haarwechsel bilden Pudel und Yorkshire-Terrier, ebenso weitere verwandte Hunderassen. Bei diesen fällt das Haar nicht aus, sondern wächst fortwährend. Diese Hunderassen brauchen nicht nur regelmäßige Pflege, um Verfilzungen und ähnliches zu vermeiden, vielmehr müssen deren Haare in gewissen Abständen gekürzt werden. Hast Du Dir deshalb einen Pudel ins Haus geholt, möchtest ihn in einer modischen Schur haben, wäre unser Rat, ihn in einen gutgeführten Pudelsalon zu bringen - zumindest so lange, bis Du selbst gelernt hast, diese Arbeiten durchzuführen. Machst Du Dich selbst daran, das Haarkleid Deines Hundes zu kürzen, mußt Du jemanden haben, der den Hund hält, bis Ihr, Dein Hund und Du, an diese Prozedur gewöhnt seid. Hunderassen mit dickem Fell - etwa wie der Old Englisch Sheepdog - sehen in voller Haarpracht wunderschön aus, vorausgesetzt, sie sind richtig gepflegt. Für einen Familienhund ist es aber angenehmer, besonders über die Sommermonate, das Haar ziemlich kurzgetrimmt zu halten.

Wenn Du aber Deinen langhaarigen Hund in voller Haarpracht halten möchtest, solltest Du jeden Tag etwas Zeit für die Fellpflege einplanen. Wenn Du dies regelmässig zur gleichen Zeit vornimmst und nicht vergißt, dann werden - hoffentlich - Du und Dein Hund an der Pflege Freude haben. Du brauchst täglich nur ein paar Minuten, in denen Du das Haar Deines Hundes durchbürstest, alle Verfilzungen dabei auflöst. Bei zu großen Zwischenzeiten wirst Du schnell feststellen, daß sich das Haar in große Knoten verfilzt, was das Auflösen recht schwierig macht - notfalls muß man solche

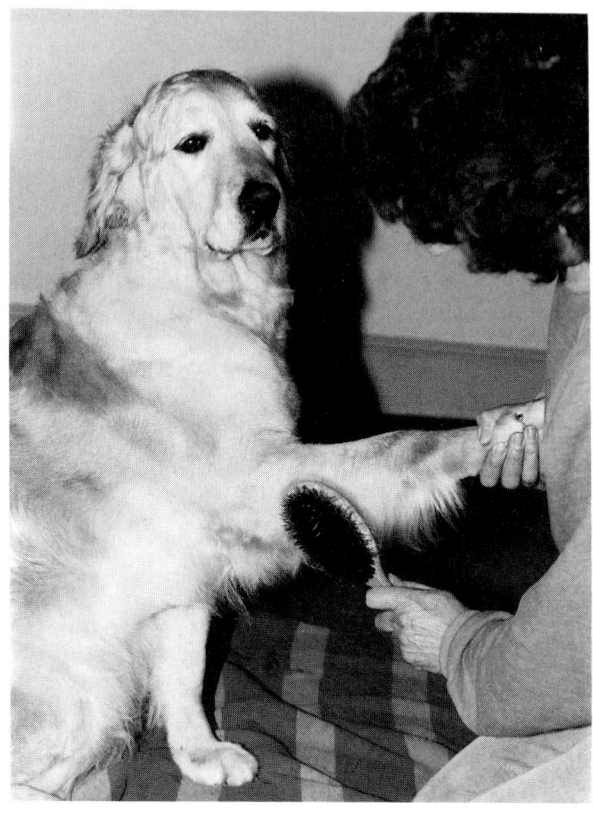

*Jeder Hund braucht regelmässige Fellpflege. Man beginnt mit Durchbürsten des Haares mit einer Borstenbürste.*

Foto: Steve Nash

Verfilzungen mit der Schere herausschneiden. Bei diesen Langhaarrassen ist es nicht ungewöhnlich, daß der Hund vier Ohren zu haben scheint - dabei haben sich die Haarbüschel rund um die Ohren zu eigenen, soliden Körpern verfilzt. Solche Verfilzungen können durch alles Kämmen nicht aufgelöst werden, schnell haben diese Stärke und Konsistenz eines dicken Stücks Filz. Die einzige Lösung besteht im Abschneiden solcher Matten, aber auch hier ist Vorsicht geboten. Nicht immer erkennt man klar, was noch Ohr und was schon Fell ist. Für jeden langhaarigen Hund brauchst Du eine Drahtbürste und einen Kamm, wobei Metallkämme sich als besonders nützlich erweisen. Wann immer Du eine Drahtbürste einsetzt, mußt Du daran denken, daß die Haut des Hundes bei zu kräftigem Gebrauch zerkratzt wird. Immer wird in Wuchsrichtung, eine Lage nach der anderen, das ganze Fell durchgebürstet.

Kurzhaarrassen brauchen zu ihrer Pflege nur eine Borstenbürste und einen Pflegehandschuh. Der Handschuh ist aus Hartgewebe oder Gummi hergestellt, paßt genau über die Hand, hat auf jeweils einer Seite verschieden lange Noppen. Nach einem Bürsten mit der Borstenbürste wird die Pflege mit einem tüchtigen Durcharbeiten des Fells mit dem Handschuh abgeschlossen. Einige Rassen - beispielsweise Rottweiler und Deutsche Schäferhunde - haben ziemlich hartes Deckhaar, darunter kurze, weiche Unterwolle. Zu Zeiten, wenn die Unterwolle unter dem Deckhaar hindurchscheint, sehen die Hunde manchmal wie ein stark abgetretener Teppich aus. Mit einem Metallkamm läßt sich viel der Unterwolle auskämmen.

Es ist durchaus möglich, daß Dein Hund an solche Pflege nicht gewöhnt ist. Manchmal braucht man viel Geduld, um ihn zum Ruhigstehen - oder auch zum Liegen auf der Seite - zu veranlassen, während man bürstet und kämmt. Während der Fellpflege mußt Du dauernd mit Deinem Hund beruhigend sprechen. Du solltest aber konsequent bleiben, wenn Dein Hund versucht, sich davon zu machen.. Er muß genau wissen, was man von ihm verlangt. Halte die Pflegesitzungen zu Anfang immer sehr kurz, damit der Hund ihrer nicht überdrüssig wird. Im Laufe der Zeit lernt der Hund zu verstehen, daß Du ihn mit der Fellpflege nicht quälst. Nach und nach genießt er die Extrazuwendung und den gemeinsamen Spaß.

**BADEN** Möglicherweise möchtest Du Deinen neuen Hund sofort baden. Wenn es sich aber nicht um einen sehr kleinen Hund handelt, kann das für alle Beteiligten zu einem traumatischen Erlebnis werden. Es ist deshalb viel besser, so lange zu warten, bis Dein Hund wirklich eine Chance hatte, sich in seinem neuen Zuhause einzugewöhnen. Außerordentlich wahrscheinlich ist es nämlich, daß, wenn ein solcher Hund einer derartigen Prozedur nie zuvor unterzogen wurde, er dabei außerordentlich ungern kooperiert. Möglicherweise stellt sich heraus, daß er nach einem großen Kampf, während dem nicht nur Dein Hund, sondern der gesamte Haushalt unter Wasser gesetzt wird, seine Meinung über das Baden dadurch zum Ausdruck bringt, daß er den übelriechendsten Dreck sucht und sich darin wälzt!

Baden entfernt immer die natürlichen Hautfette des Hundes. Eine gute Fellverfassung ist das Ergebnis einer gesunden Ernährung und regelmäßiger Fellpflege. Gelegentlich - bei sehr verfilzten langen Haaren - hilft Baden, die Knoten aufzulösen. Trotzdem ist es immer ratsam, das Fell vor dem Baden zu bürsten. Baden sollte immer auf ein Minimum beschränkt werden, in der Regel nur als Mittel, um äußere Parasiten wie Flöhe und Läuse zu bekämpfen. Dafür braucht man ein Insektizid-Shampoo, das der Tierarzt empfehlen sollte.

Am besten badest Du Deinen Hund in einer altmodischen Zinkwanne, mit gewissen Vorkehrungen auch in der häuslichen Badewanne. Wenn das Wetter warm ist, kann man das ganze Bad eventuell auch im Garten veranstalten. Wichtig wäre, daß es eine Brause gibt, die mit der häuslichen Wasserleitung für kaltes und warmes Wasser verbunden ist. Ein Bad mit kaltem Wasser macht nicht nur das Säubern recht schwierig, sondern wird Deinem Hund verständlicherweise auch wenig gefallen. Nach dem Baden muß der Hund völlig abgetrocknet werden. So lange der Hund noch feucht ist, sollte man ihn keinesfalls im Garten oder auch im Zwinger aussperren, das Trocknen erfolgt vielmehr immer im geschützten, warmen Raum.

**PFOTEN** Theoretisch brauchen Hundekrallen nicht geschnitten werden, so lange der Hund regelmäßig Bewegung auf hartem Boden hat. Tatsächlich ist dies nur dann richtig, wenn der Hund korrekt geformte Pfoten besitzt. Dann werden die Krallenenden laufend durch den Kontakt mit dem Boden abgenutzt. Manche Hunde haben auch Wolfskrallen, das sind die kleinen Krallen etwas weiter oben an den Vorderläufen, manchmal auch an den Hinterläufen. Diese Wolfskrallen werden natürlich überhaupt nicht abgenutzt, können deshalb gelegentlich auch rund wachsen und in den Lauf eindringen.

Das Krallenschneiden kann manchmal eine schwierige Aufgabe sein. Bei großen

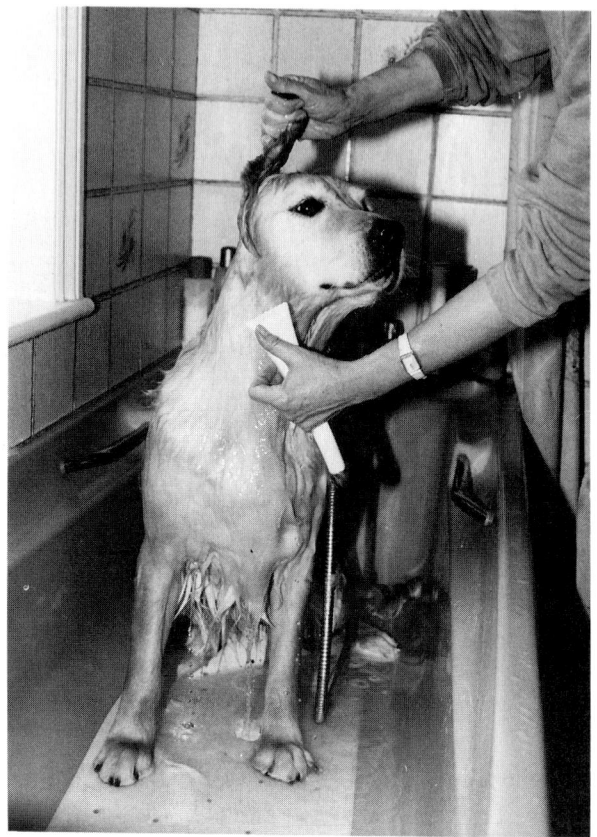

*Du solltest Deinem Hund immer erst Gelegenheit geben, sich in seiner neuen Umwelt zurechtzufinden, ehe Du ihn in eine Badewanne steckst.*

Foto: Steve Nash

Hunden ist der Nagel ziemlich hart, man braucht eine starke Nagelzange. Wenn man nur das Krallenende schneidet, empfindet der Hund keinerlei Schmerz, schneidet man aber in das *"Leben"*, weil man die Zange zu hoch ansetzt, kann dies bei dem Hund Schmerzen und Blutungen auslösen. Der Hund vergißt einen solchen Fehler nur selten, und das Nagelschneiden wird anschließend besonders schwierig. Das beste Rezept lautet: wenig und häufig, wobei jeweils nur die äußerste Krallenspitze entfernt wird. Dadurch bewirkt man auch, daß das *Leben* im Nagel langsam zurückweicht, und man dann von Mal zu Mal die Kralle etwas kürzer schneiden kann.

Zuweilen kommt es zwischen Hund und Besitzer zu echtem Streit um das Nagelkürzen. Der Hund mißtraut seinem Besitzer, weicht nach und nach vor dem Anfassen zurück. Es mag für den Hund zwar wichtig sein, kurze Krallen zu haben, dies ist aber mit Sicherheit nicht wert, das Vertrauen des Hundes zu gefährden, es sei denn, die zu langen Krallen lösen tatsächlich Schmerz und Unbehagen aus. Wenn sie dann unbedingt geschnitten werden müssen, sollte man notfalls den Tierarzt hinzuziehen, der den Hund vielleicht leicht narkotisiert, ehe er schneidet. Als Grundregel sollte Narkose natürlich so selten wie möglich bei einem Hund angewandt werden. Viel besser ist es, seinen Hund davon zu überzeugen, daß der vorsichtige Gebrauch des Nagelschneiders zu seinem eigenen Vorteil erfolgt.

**ZÄHNE**    Das Kauen von harten Gegenständen wie Knochen oder Hundekuchen hilft in der Regel, das Gebiß frei von Zahnstein zu halten; dennoch besteht immer die Gefahr, daß er sich beim älteren Hund bildet. Gelegentlich findet man auch heraus, daß ein älterer Hund Probleme mit einem faulen Zahn hat, es ist aber sehr selten, daß Hunde Anzeichen von Zahnschmerzen zeigen. Falls aber doch, muß sich der Tierarzt damit befassen. Man kann versuchen, das Gebiß des Hundes regelmäßig mit einer Zahnbürste und Wasser zu bürsten, es gibt auch Spezialzahnpasten für Hunde. Dazu mußt Du aber wissen, daß Dein Hund schon ein sehr friedliches Wesen oder eine gute Erziehung haben muß, wenn er sich einer solchen regelmäßigen Zahnpflege unterwerfen soll. Besteht jedenfalls bei Deinem Hund aus irgendwelchen Gründen eine stärkere Abneigung, sollte man den Tierarzt bitten, von Zeit zu Zeit den Zahnstein zu entfernen.

**OHREN**    In regelmäßigen Abständen solltest Du die Ohren Deines Hundes kontrollieren. Besonders bei langhaarigen Hunden wächst häufig zu viel Haar in den Ohren. Hierdurch wird die Luftzirkulation im Ohr vermindert, Staub, Schmutz und Ohrenschmalz festgehalten, was Reizungen oder Infektionen auslöst. Überschüssiges Haar sollte man aus der Ohrmuschel herausschneiden, zur Entfernung von Ohrenschmalz ein spezielles Ohrreinigungsmittel verwenden. Dabei darf man keinesfalls beim Ausputzen zu tief in das Ohr eindringen, man könnte damit mehr Schaden als Nutzen bewirken. Ist das Ohr geschwollen, gerötet oder tritt unangenehmer Geruch auf, solltest Du den Tierarzt fragen und Ohrentropfen zur Behandlung der Infektion von ihm erbitten.

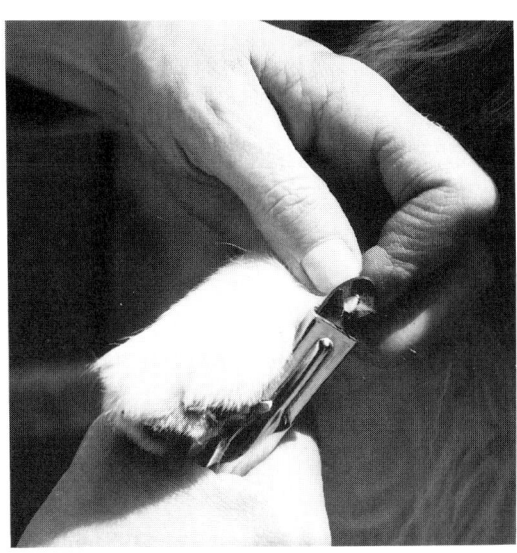

*Man kann spezielle Nagelclipper zum Schneiden der Hundekrallen verwenden, sollte aber erst sicher sein, daß der Hund voll vertraut ist, ehe man sich an eine solche Aufgabe heranmacht.*

Foto: Steve Nash

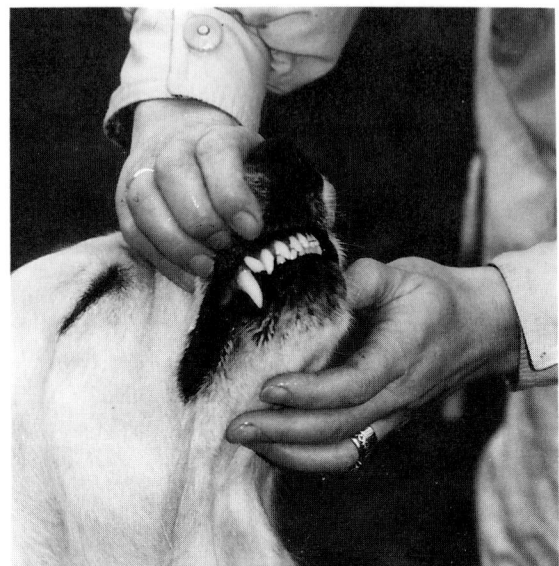

*Regelmäßiges Zähne-
bürsten mit Zahnbürste
und Wasser, wobei man
Hundezahnpasta
benutzen sollte, hält
die Hundezähne frei von
Zahnstein.*

Foto: Steve Nash

**KOTBESEITIGUNG**     Nachdem immer mehr und mehr Hunde im städtischen Umfeld leben, schuldet der Hundehalter es seinem Hund, der Gemeinde und auch dem Gesetz, dafür zu sorgen, daß sein Hund keine öffentlichen Plätze und Straßen verunreinigt. Selbst der glühendste Hundeliebhaber muß zugeben, daß öffentliche Wege, der Vorgarten des Nachbarn, Kinderspielplätze und Sportfelder nicht die geeigneten Stellen sind, wo Dein Hund sich lösen darf. Trotzdem - irgendwo muß Dein Hund sich lösen. Hast Du einen eigenen Garten, ist dies der beste Platz. Besitzt Du einen kleinen Hundeauslauf mit Betonboden im Garten, empfehlen wir, daß der Hund früh morgens, nach den Mahlzeiten und als letztes am Abend in den Auslauf geschickt wird, der sich anschließend leicht reinigen läßt. Das einzige Problem besteht darin, daß einige Hunde sich nur auf Gras oder im Gebüsch lösen.

Steht kein solcher Auslauf zur Verfügung, mußt Du möglicherweise braune Flecken auf Deinem eigenen Rasen akzeptieren. Wo immer es sein mag - Hundekot muß der Hundebesitzer entfernen. In England gibt es hierfür bereits ein Hundeklo, dabei handelt es sich um einen Plastikcontainer - etwa in Größe eines 2-Galonen (9 Liter)-Behälters. Dieser wird in den Boden eingelassen, die Öffnung in Höhe der Erdoberfläche. Alles, was Du zu tun hast, ist die Exkremente mit der Schaufel einzusammeln und in den Behälter zu werfen. Dieser enthält Chemikalien, die den Hundekot verflüssigen, der dann harmlos in den Boden versickert. Gleichzeitig verhindern diese Chemikalien unangenehme Gerüche. Jeder Caravan-Fan kennt die Prinzipien dieses Systems. Allerdings sollte man die abschließende Umweltverträglichkeit einer solchen Maßnahme sorgfältig prüfen.

Natürlich gibt es immer noch Bereiche, wo man seinen Hund frei laufen lassen kann, der natürliche Lösungsprozeß möglich ist. Aber solche Stellen werden gerade in der Großstadt immer seltener. Aber auch in diesen Bereichen sollte man den Kot hinter dem Hund aufnehmen. Beim Spaziergang auf öffentlichen Wegen empfehlen

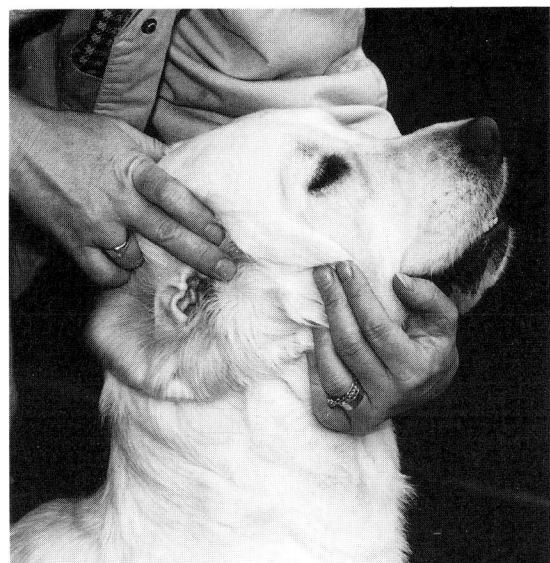

*Die Hundeohren müssen in regelmäßigen Intervallen auf Sauberkeit kontrolliert werden. Beim Reinigen darf man nie zu tief in den Ohrkanal eindringen.*

Foto: Steve Nash

wir, einen Vorrat kleiner Plastikbeutel mitzunehmen - man erhält speziell hierfür vorbereitete Plastikbeutel im Zoofachhandel. Einen solchen Beutel zieht man wie einen Handschuh über, nimmt den Kot auf und stülpt dann den Beutel zum Verschließen um. Es gibt auch einen sogenannten *pooper scooper*, der beim Aufnehmen hilft und mit solchen Beuteln ausgestattet werden kann. Jedenfalls hat man auf diese Art eine hygienische Packung, die in besondere Behälter, welche immer mehr Parkverwaltungen aufstellen, geworfen werden kann.

**AUTOFAHREN**     Es gibt Menschen wie Hunde, die autokrank werden, andere haben keinerlei Probleme. Genau wie Menschen wachsen die meisten Hunde aus einer solchen Empfindlichkeit heraus, aber es ist natürlich immer besser, wenn man hier vorbeugt. Am besten gewöhnt man den Hund zunächst einmal an das stehende Fahrzeug. Hat sich der Hund vertraut gemacht, beginnt man mit einer kurzen Fahrt. Man lenkt den Hund durch Sprechen und Loben ab. Dabei kannst Du durchaus auch singen, wenn Du hoffst, daß der Hund durch den Klang Deiner Stimme abgelenkt wird und darüber vergißt, reisekrank zu werden.

Man achte auf die ersten Anzeichen von Autokrankheit - sie zeigt sich am Speicheln und Schlucken - dann muß man den Hund sofort ablenken. Nach Möglichkeit sollte man den Hund vor dem Autofahren nicht füttern und immer mit kurzen Fahrten beginnen, die mit einem Spaziergang oder einem fröhlichen Spiel enden. Ist die Autokrankheit hartnäckig, kann der Tierarzt Medikamente verschreiben, die lindernd wirken; es gibt auch recht effektive homöopathische Arzneimittel.

Muß man den Hund bei warmem Wetter im Auto alleine lassen, muß unbedingt das Auto im Schatten und mit genügend Ventilation geparkt werden. Natürlich ergeben sich in einer solchen Situation immer Widersprüche zwischen der notwendigen Sicherheit und ausreichender Luftzufuhr für den Hund. An heißen Tagen darf man ein Auto überhaupt nicht im Sonnenschein parken; es reicht auch nicht aus, das Fenster um einige Zentimeter zu öffnen. Grundsätzlich muß bei warmer Witterung der Hund immer aus dem Fahrzeug genommen werden.

Eine Lösung könnte darin bestehen, bei der Fahrt die Oma mit ihrem Strickzeug oder einem guten Buch mitzunehmen und ihr Auto und Hund anzuvertrauen. Eine sehr gute Alternative bietet ein Kombi-Fahrzeug, auch ein Fahrzeug mit Steilheck. Man kauft Käfige, die genau den Autoabmessungen angepaßt werden. Dabei füllen diese Käfige den gesamten Heckraum aus, lassen sich mit Kette und Schloß auch sicher verankern. Ein zweites Schloß sollte an der Käfigtür angebracht werden. Jetzt kann die Heckklappe offengelassen, die Türen verriegelt werden. Nun kann der Hund nach draußen sehen, bekommt ausreichend frische Luft, und trotzdem ist das Fahrzeuginnere abgesichert. Dabei ist unerläßlich, daß das Auto auf Dauer garantiert im Schatten bleibt. Wenn man mit dem Hund eine längere Reise unternimmt, sollte man immer eine Plastikflasche mit Wasser und die Trinkschüssel mitnehmen.

**AUSLAUF**     In ihrem Bewegungsbedarf wie in vielen anderen Fragen des Lebensstils sind Hunde recht anpassungsfähig. Im vernünftigen Rahmen kann man ihr Bewegungsbedürfnis akzeptieren oder auch etwas einschränken. Hunde sind auch Gewohnheitstiere. Ist es bei Dir üblich, mit dem Hund einen Spaziergang zu machen, der fünf Minuten vor der Öffnungszeit Deiner Stammkneipe beginnt (vorausgesetzt Hunde sind erlaubt), dann gewöhnt sich der Hund auch daran. Je größer ein Hund, umso mehr Bewegung braucht er (mit Einschränkung der sogenannten Riesenrassen). Ein Zwerghund findet wahrscheinlich alle Bewegung, die er braucht, indem er in Haus und Garten umherläuft. Ein Spaziergang durch den Park wird als Abwechslung begrüßt, bringt eine Fülle an Geruchserlebnissen und bietet ihm nicht nur die Gelegenheit, sich die Pfoten zu vertreten.

Der Auslauf ist ganz wichtig zum Stimulieren Deines Hundes. Die Zeit, die Ihr dabei gemeinsam verbringt, hilft, eine gute Beziehung aufzubauen. Wahrscheinlich braucht Dein Hund nicht täglich lange Galoppstrecken, aber draußen im Freien zu sein, ist immer interessant. Man geht immer verschiedene Wege, kann den Spaziergang mehrfach durch Spiele unterbrechen. Damit werden Verstand wie Körper des Hundes trainiert. Besitzt Du einen intelligenten Hund, insbesondere eine Hunderasse mit starker Arbeitsveranlagung wie etwa einen Border-Collie oder andere Schäferhunde, ist eine solche Art geistiger Anregung besonders wichtig. Ein gelangweilter Hund wird schnell zu einem destruktiven und Unsinn anrichtenden Hund. Hier muß man vorbeugen.

Die Gelegenheiten, seinen Hund außerhalb des eigenen Gartens frei laufen zu lassen, werden immer seltener. Zuweilen muß man einige Entfernung zurücklegen, um in eine Gegend zu kommen, in der man seinen Hund abgeleint laufen lassen kann; und selbst dann tritt noch das Problem auf, daß der Hund im freien Lauf mit Getreidefeldern oder Tieren des Bauernhofs in Konflikt kommt. Über die Sommermonate sind auch die meisten Strände für Hunde gesperrt. Dadurch gibt es auch kaum Gelegenheit, an die See zu fahren und dem Hund die Möglichkeit zu bieten, einem Ball am Ufer nachzujagen. Aber mit etwas Fantasie findet man doch einen Ort, wo man seinen Hund nach dem Ball laufen lassen kann. Oder man trifft sich mit einem Freund, der gleichfalls einen Hund besitzt, der auch gerne spielt. Dadurch bekommt der Hund trotz geringem Raum genügend Bewegung.

Wenn Ihr eine Familie seid, die große Wanderungen liebt,. nehmt auf jeden Fall den Hund mit, vorausgesetzt, es ist ein ziemlich großer Hund, fit genug, über weite

Entfernungen zu laufen. Dabei solltest Du Dir klar sein, daß ein Hund bei solch einem Spaziergang vorwärts und zurück läuft, also wahrscheinlich die doppelte Wegstrecke wie Du zurücklegt. Ein Kleinhund wird in der Regel munter genug sein, um anfangs mitzuhalten. Wenn er aber zu sehr ermüdet, muß er notfalls getragen werden. Denke auch daran: Auslauf steht immer in einer klaren Beziehung zu Alter und Größe des Hundes. Ist Dein Tierheimhund mittleren Alters oder schon älter, braucht er natürlich weniger Bewegung als ein Junghund. Der gesunde Menschenverstand sagt eigentlich recht klar, welche Bewegung man seinem Hund einräumen sollte.

Sind Kinder im Haus, ist es immer vernünftig, daß auch sie sich an der Bewegung und dem Auslauf des Hundes beteiligen. Keinesfalls darf man jedoch Kindern gestatten, ohne Aufsicht Erwachsener einen großen und kräftigen Hund in der Öffentlichkeit auszuführen, es sei denn, die Eltern sind absolut sicher, daß die Kinder den Hund auch körperlich zu kontrollieren vermögen. Dein Hund kann noch so gut erzogen und gehorsam sein, manchmal trifft er auf einen anderen Hund - möglicherweise ohne dessen Besitzer - der einen Streit vom Zaun bricht und auf den Dein Hund antwortet. Eine für jedes Kind außerordentlich gefährliche Situation, die unbedingt vermieden werden sollte.

Dein Hund wird auch älter werden, steifer in den Gliedern und ruhiger. Was zuvor ein vergnüglicher Spaziergang war, könnte in harte Arbeit ausarten. Zu oft sieht man Hundebesitzer mit munterem Schritt, ihr Hund hängt hinten nach. Der Hund ist von sich aus ein recht unternehmungslustiges Geschöpf, bemüht sich darum, Schritt zu halten - aber im hohen Alter wird der Spaziergang möglicherweise zu einer Belastung. Deshalb sollte man recht aufmerksam auf veränderte Anforderungen des Hundes reagieren. Wähle kürzere Spaziergänge, vielleicht aber mit ganz neuen Wegen, so daß Dein alter Freund fröhlich und auf immer neue Anregungen stoßend mitläuft.

**KASTRIEREN**    Es gibt eine Entscheidung, die Du manchmal selbst treffen mußt, aber oft hat man sie schon für Dich entschieden. Wenn Du eine Tierheimhündin aufnimmst, sollte sie meist kastriert werden!

Viele Tierschutzorganisationen lassen Hündinnen grundsätzlich kastrieren, ehe sie diese abgeben. Zuweilen vereinbaren sie auch mit den neuen Besitzern, daß diese Operation durchgeführt wird. Möglicherweise bedrückt Dich das etwas, aber ein bißchen Nachdenken zeigt, daß es eine recht vernünftige Lösung ist. Viele der Hunde, die in Tierheime aufgenommen werden, sind Folgen zufälliger Paarungen und unerwünschter Würfe. Deshalb ist es für den Tierschutz nur vernünftig, dieses Problem einzudämmen, statt mit dazu beizutragen, daß es noch mehr Welpen gibt, die dann eines Tages wieder die Hilfe des Tierheimes brauchen. Kastrieren hat auch für den neuen Besitzer durchaus Vorteile, denn gerade Besitzer von Tierheimhunden haben wenig Chancen, über die Zucht mit einer solchen Hündin Geld zu machen.

Ein wichtiger Hinweis! Lasse Dich genau von Tierheim oder vom Tierarzt beraten, ob der Hündin nach der Kastration Hormone verabreicht werden müssen. Besonders wichtig - Maßhalten bei der Fütterung - dann kommt es auch nicht zu Übergewicht!

**DIE HEISSE HÜNDIN**    Wurde die Hündin nicht kastriert, ehe sie zu Dir kam, solltest Du ernsthaft überlegen, sie kastrieren zu lassen. Für die richtige Entscheidung muß man ganz einfach das Problem verstehen. Eine Hündin kann bereits gedeckt werden, wenn sie erstmals heiß wird. Danach wiederholt sich die Hitze in Abständen von etwa sechs Monaten. Das erste Anzeichen der Hitze besteht in einem Anschwellen der Vulva und leicht blutigem Ausfluß. Dieser Zustand dauert etwa neun bis zehn Tage, danach wird der Ausfluß weniger, färbt sich sehr hell. Etwa ab dem zwölften Tag nach Hitzebeginn ist die Hündin grundsätzlich deckbereit. Diese Bereitschaft kann über weitere neun Tage andauern. Wie es in der Natur nun einmal ist, können alle Zeitangaben nie ganz genau sein. Es ist durchaus möglich, daß Hündinnen erfolgreich früher oder später während der Hitze gedeckt werden - manchmal sogar noch am dreiundzwanzigsten Tag nach Hitzebeginn. Deshalb mußt Du Dir darüber im klaren sein, daß ohne Kastration immer das Risiko besteht, daß die Hündin sich paart. Und dieses Risiko besteht in der Regel zwei Mal jährlich über etwa drei Wochen.

Laß Dich nicht von der Vorstellung leiten, es mache Spaß, einen Wurf Welpen aufzuziehen, es sei auch als eine Art biologische Lektion für die Kinder nützlich. Wenn Du erst einmal bis zu zwölf übermütige, zehn Wochen alte Junghunde Dein Haus verwüsten siehst, wirst Du Deine Entscheidung bitter bereuen! Es kostet ein Vermögen, sie zu füttern, und alle Deine Freunde und Nachbarn, die so gerne einen Welpen haben wollten, erfinden eine Ausrede nach der anderen. Zu diesem Zeitpunkt wirst Du selbst zum ernsten Risiko, vergrößerst das Problem zu vieler Hunde, die später wieder in Tierheimen landen. Du solltest Dich keinesfalls zum Züchten verleiten lassen.

Um das Problem zusammenzufassen: Wurde Deine Hündin nicht kastriert, mußt Du sie zwei Mal jährlich während der gesamten Hitze unbedingt vor liebeslustigen Rüden schützen. Dies ist gar nicht so leicht, wie es klingt. Eine deckbereite Hündin ist manchmal gar nicht mehr ein so scheues kleines Mädchen, wie dies im Normalfall erscheint. Nur zu gerne entwischt sie Deiner Obhut, tut das ihre dazu, den richtigen Liebhaber zu finden. Wir besaßen einmal einen winzigen Chihuahua, der sich auf die dritte Stufe unserer Treppe stellte und hoffte, auf diese Art das Problem der Paarung mit unserem großen Boxerrüden zu lösen. Wenn Du mit Deiner heißen Hündin spazierengehst, wirst Du schnell eine ganze Meute örtlicher Straßenköter anführen, die Dir bis nach Hause folgen, um vor Deiner Türe zu campieren. Die Paarung, die Du gar nicht willst, kann sehr schnell erfolgen. Viele unerwünschte Würfe wurden von den Hundehaltern mit der Ausrede erklärt, sie hätten nur eine kurze Zeit nicht aufgepaßt.

**HORMONTHERAPIE**  Neben dem Wegschließen der Hündin gibt es noch zwei Alternativen, eine Schwangerschaft der Hündin zu verhindern. Die erste ist der Einsatz von Hormonen. Dies ist eine Lösung auf Zeit, verhindert das Auftreten einer bestimmten Hitze. In der Regel handelt es sich aber ausschließlich um eine Verschiebung, häufig werden nach einer solchen Behandlung die Intervalle zwischen den Hitzen verändert. Es besteht auch die Gefahr, daß eine Hündin heiß wird, man die ersten Anzeichen übersieht, so daß der Hormoneinsatz zu spät erfolgt. Wenn Du diese Methode anwenden willst, solltest Du sie erst sehr gründlich mit Deinem Tierarzt besprechen.

**KASTRATION HÜNDINNEN**  Die zweite Methode zur Vermeidung von Trächtigkeit ist eine chirurgische Entfernung der Eierstöcke und Gebärmutter, als Kastration bekannt. Eine solche Operation ist natürlich endgültig und nicht umkehrbar. Die meisten heutigen Tierärzte vertreten die Auffassung, daß diese Operation früh erfolgen könne - in der Regel nach der ersten Hitze, die meist etwa im Alter von neun Monaten eintritt. Zuweilen werden auch jüngere Tiere vor der ersten Hitze kastriert, dies kann aber zu Wachstumsstörungen führen. Wir haben nie irgendeinen Anhaltspunkt gefunden, wonach Kastrieren sich negativ auf das Wesen der Hündin auswirkt. Im Gegenteil - viele der Hündinnen, die wir kennen und die kastriert wurden, sind besonders freundlich und liebevoll. Die Mutterinstinkte einer Hündin werden nur dann geweckt, wenn sie tatsächlich einen Wurf aufzuziehen hat. Kastration bedeutet in keiner Weise, daß Deine Hündin über ihr ganzes Leben trauert, weil sie nie Mutter wurde.

Tatsache ist, daß eine solche Operation zu Gewichtszunahme führen kann. Möglicherweise muß die Futtermenge reduziert und der Auslauf vermehrt werden. Was Tierheimhündinnen angeht, erweist sich Kastration zweifellos als nützlich, eine vernünftige Praxis mit quasi keinerlei Nachteilen. Es ist eine einfache und sichere Operation. Auch wenn Du gefühlsmäßig glaubst, man solle der Natur nicht ins Handwerk pfuschen, ist es der Hündin gegenüber sehr viel freundlicher, sie kastrieren zu lassen, als einer Folge unerwünschter Würfe entgegenzusehen.

**KASTRATION RÜDEN**  Manchmal läßt man Rüden kastrieren, um unerwünschte, übertriebene Sexualität, häufig begleitet von Aggression gegenüber anderen Rüden, zu unterbinden. Beispielsweise werden alle Rüden, die für die *Guide Dogs for the Blind* arbeiten, kastriert, da es natürlich außerordentlich unakzeptabel wäre, wenn solche Hunde in Raufereien verwickelt oder ihren Blinden über die Straße hinter sich herziehen würden, um einer heißen Hündin nachzulaufen. Kastration ist aber nicht immer eine Lösung, wenn ein Rüde Kindern gegenüber unzuverlässig ist, zerstörerisch oder gegen Menschen und alle Hunde aggressiv wird; es könnte jedoch helfen.

**STEUER UND VERSICHERUNG**  In England hatte früher die *Dog Licence* für den Hundebesitzer keinerlei Vorteile und zum Zeitpunkt, da diese Praxis in England aufgegeben wurde, kostete sie die Regierung sehr viel mehr als sie einbrachte. Es gibt Bemühungen, eine solche Lizenz wieder zwingend vorzuschreiben. In der Form, wie dies vorgesehen ist, handelt es sich aber eindeutig nur um eine Besteuerung der Hunde, ohne irgendeinen Vorteil für Hunde oder ihre Besitzer. (Anmerkung der Übersetzer: Hundesteuer ist heute - leider - in den meisten europäischen Ländern mit teilweise exorbitanten Sätzen üblich geworden.)

Die einzige Art, wie eine solche Registration auch dem Hundebesitzer dient, wäre, daß wenn der Hund wegläuft, er anhand eines Zentral- oder Nationalregisters identifiziert und seinem Besitzer wieder ausgehändigt werden könnte.. Die Regierung scheint aber wenig geneigt, ein solches System einzuführen. Es gibt jedoch eine Reihe von Registern, die von Privatorganisationen geführt werden, die eine Identifikation in Zusammenhang mit einem Zentralregister ermöglichen, wodurch verlorene Hunde ihren Besitzern wieder zugeführt werden könnten. Der Nachteil solcher Register besteht darin, daß Polizei oder Tierheim, die einen aufgegriffenen Hund beherbergen, nicht wissen, ob der Hund irgendwo registriert ist. Jedenfalls eröffnet ein Register eine größere Wahrscheinlichkeit, verlorene Hunde zurückzuführen, wobei natürlich das am verbreitetsten angewandte System mit einem Maximum an Publizität am ehesten zum Erfolg führt.

Ein System, das diesen Voraussetzungen entspricht, wird in England als *National Pet Register* in Zusammenarbeit mit den *Wood Green Animal Shelters* in Royston, Herfordshire, geführt. Für einen kleinen Geldbetrag bietet es die lebenslange Eintragung des Hundes, die notwendige Identifikationsplakette und eine Haftpflichtversicherung für die Dauer eines Jahres. Es besteht auch die Möglichkeit, das Register zu informieren, wenn man die Ferien über verreist ist. Gerät während dieser Zeit der Hund in Verlust, wird für ihn gesorgt bis man mit Dir Kontakt hat. Die Haftpflichtversicherung läßt sich jährlich erneuern. Wahrscheinlich wirst Du eine Lebensversicherung für Deinen Hund oder eine Versicherung für tierärztliche Behandlungen ziemlich teuer finden, jedoch eine Haftpflichtversicherung gegen alle Art von Unfällen - beispielsweise im Straßenverkehr oder wenn der Hund einen Menschen oder ein anderes Tier beißt - sollte jeder Besitzer zwingend abschließen.

Noch eine Anmerkung der Übersetzer: Die deutschen und viele ausländische Rassezuchtvereine identifizieren die Hunde ihrer Züchter in aller Regel durch Tätowierung im Ohr oder in der Bauchfalte. Diese Tätowierung hat sich zur Identifikation des Hundes als recht nützlich erwiesen. In Zusammenarbeit mit dem Zuchtbuchamt des die Rasse betreuenden Zuchtvereins läßt sich in aller Regel dank dieser Tätowierung die Identität des Tieres klar ermitteln.

Das Gesetz verlangt, daß jeder Hund durch Namen und Adresse des Besitzers am Halsband zu identifizieren ist. Diese Regelung wird heute in vielen Ländern strikt überwacht. Läuft Dein Hund heutzutage frei ohne Halsband und Identifikation durch die Straßen, besteht akute Gefahr, daß er durch Polizei oder durch Beauftragte der Gemeinde aufgegriffen und in ein Tierheim eingeliefert wird. Es kostet Dein Geld, Dir den Hund dort abzuholen - vorausgesetzt, Du kannst herausfinden, wohin er verbracht wurde. Bei jedem Verlust des Hundes solltest Du immer Polizei und Tierschutz anrufen. Es sind zwar eine Vielfalt von Identifikationsanhängern auf dem Markt, zur Stunde gibt es aber wohl keine bessere Lösung als das altmodische, gravierte Metallschild oder die gravierte Hundemarke, gut am Halsband befestigt. Es gibt auch einen kleinen aufklappbaren Anhänger, in dem man alle Details auf einem Stück Papier unterbringt. Diese Lösung hat sich aber nicht bewährt. In den Tierheimzwingern Englands findet man zahlreiche Hunde, die dort ankamen und bei denen diese Anhänger nur noch zur Hälfte an den Halsbändern hingen, das wichtige Papierstück aber fehlte.

Neben dem gravierten Halsbandschild gibt es noch andere Identifikationsformen. Hierzu gehören in erster Linie Tätowierungen, ein eingepflanzter *Transponder*, den man mit einem speziellen Lesegerät auswerten kann. Dieses System ähnelt im Grunde dem Kassensystem eines Supermarkts. Das Problem ist, daß nicht überall Lesegeräte verfügbar sind, zumeist findet man sie bis jetzt nur bei Tierärzten oder in einigen Tierheimen.

Wenn Du an einer solchen permanenten Identifikation interessiert bist, der implantierte *Transponder* ist nicht so gefährlich wie es klingt. Dabei wird nur ein winziger Mikrochip unter die Haut implantiert. Unabhängig von Größe und Hundetyp wird dieser Chip hinten auf dem Nacken plaziert. Die Personen, die das Lesegerät benutzen, wissen, wo sie suchen müssen. Der Chip ist von außen völlig unsichtbar, und es kann keine Rede davon sein, daß Dein Hund mit einer Art *science fiction-Identifikation* im Nacken umherläuft. In der Praxis wird die Hundehaut nicht mehr verletzt als beim Klammern einer Wunde durch den Tierarzt. Das Implantieren verläuft praktisch schmerzlos, der Hund leidet nicht mehr als bei der jährlichen Schutzimpfung. Der Transponder ist in gleicher Weise gesichert wie ein menschlicher Herzschrittmacher, so daß wirklich kein Nachteil entstehen kann.

Es wurde einige Zeit behauptet, der Chip könne durch den Körper des Hundes wandern. Aber Änderungen in der Implantierungsmethode haben dieses Problem gelöst. Das verfügbare Lesegerät ist heute in der Lage, jeden der neuen, verschiedenen

Mikrochips, die im Gebrauch sind, auszuwerten.

Da wir unseren Hunden gegenüber sehr viel Gefühl haben, macht es uns unglücklich, ihnen etwas zuzumuten, das uns als gegen die Natur gerichtet erscheint. Trotz solcher wirklich verständlichen Einwände, wenn Du eine positive und andauernde Identifikation Deines Hundes erreichen möchtest, ist ein Mikrochip wahrscheinlich die richtige Lösung.

Eine weitere nützliche Einrichtung des Wood Green Animal Shelter ist die *Pet Alert Card*. Wir alle fragen uns, was mit unseren Hunden passiert, wenn wir uns aufgrund eines Unfalls oder unerwarteter Krankheit nicht um sie kümmern können. Die *Pet Alert Card* gibt es in zwei Größen: die eine kann man im Geldbeutel tragen, die andere zu Hause oder im Auto verwahren. Ziel ist es, in einer solchen Situation die Aufmerksamkeit jedes Fremden zu wecken, damit er sich um den Hund kümmert oder Hinweise geben kann, wer sofort benachrichtigt werden soll, damit er sich um ihn kümmert.

## ZWEI BESONDERS HILFREICHE BÜCHER

Hannelore Pudelko
### JULIA PRINZESSIN SCHLAPPOHR
**Die Geschichte einer Beagle-Hündin, die das Tierversuchslabor überlebte.**

Dieses Buch dokumentiert, wie tierliebende Menschen einen durch Tierversuche zum seelischen Krüppel gewordenen Beagle in ein neues Leben zu führen vermochten. Experten schätzen, daß alljährlich 8000 Versuchshunde allein in der deutschen Forschung "verbraucht"werden ! Ein Buch, das anklagt, das die Leiden der Versuchstiere auch noch nach dem Ende der Tierversuche spiegelt. Aber auch ein Buch, das Menschen herausfordert, Tierheimhunden ein neues Zuhause zu schenken !

Friedrich & Jutta Wienzeck
### HUNDE IM PARAGRAPHENDSCHUNGEL
**Alles Wissenswerte für den Hundehalter in Zivilrecht, Strafrecht und öffentlichem Recht.**

In heutiger Zeit ist verantwortungsbewußte Hundehaltung von einer Fülle von Rechtsfragen begleitet. Dieses fachkundige Hundebuch zeigt dem Hundehalter seine Rechte, macht ihn mit seinen Pflichten vertraut. Es führt unsere Hunde und ihre Besitzer erfolgreich durch den Paragraphendschungel von öffentlichem, privatem und Strafrecht.

**Jedes Buch nur DM 24.80 !**
**KYNOS VERLAG DR. DIETER FLEIG GMBH Am Remelsbach 30**
**D-54570 Mürlenbach Tel. 06594 - 653 Fax. 06594 - 452**

## Kapitel 4
# *Fütterung und Ernährung*

## WIE MAN ES RICHTIG BEGINNT

Bevor der Hund ins Tierheim kam, wurde er möglicherweise mit qualitativ schlechtem Futter versorgt. Es ist sehr wichtig, der Versuchung zu widerstehen, diese Zeit jetzt durch Fütterung großer Mengen kalorienreicher Nahrung zu kompensieren. Dies wäre für den Verdauungstrakt Deines Hundes katastrophal. Anfangs solltest Du unbedingt die Ernährung fortsetzen, die das Tierheim eingeführt hat und gewünschte Änderungen nach und nach vornehmen.

Wahrscheinlich möchte Deine ganze Familie anwesend sein, wenn Deinem Hund in seiner neuen Heimat die erste Mahlzeit vorgesetzt wird. Jedermann will mit dabei sein und sehen, wie der Hund sein neues Leben beginnt; alle erwarten, daß er das liebevoll zubereitete Futter begeistert verzehrt. Wurde der Hund jedoch bei seinem früheren Besitzer vernachlässigt, hat er höchstwahrscheinlich gelernt, sein Futter herunterzuschlingen. Möglicherweise fühlt er sich erschreckt, gehemmt und schuldig, wenn man jetzt von ihm erwartet, *in der Öffentlichkeit* zu fressen. Wenn so etwas eintritt, sollte man den Hund alleine lassen. Und wenn Du Glück hast, hat er die Futterschüssel leergeräumt, wenn Du einige Minuten später zurückkehrst.

Es wird immer abgeraten, eine Schüssel mit Futter die Nacht über stehen zu lassen; trotzdem gibt es Situationen, wo man dies tun sollte. Im Schutz der Dunkelheit fühlt sich der Hund beim Fressen sicher. Hat er bis zum nächsten Morgen nicht aufgefressen, wird das Futter entfernt, und man versucht, ihm etwas anderes anzubieten. Du kannst Dich in einem solchen Fall nicht, wie die Eltern aus einem altmodischen Erziehungsbuch, hinsetzen und sagen: "Du bleibst hier sitzen, bis Du aufgegessen hast!" Einige Hunde würden lieber verhungern.

Wurde Dein Hund früher einmal aus der Küche gejagt und ausgeschimpft, weil er von Tellern gefressen hatte, ist er möglicherweise nicht bereit, überhaupt aus einer Schüssel zu fressen. Versuche in einem solchen Fall zunächst einmal, das Futter auf den Boden, notfalls auch draußen im Garten ins Gras zu legen.

Einige Tierheimhunde haben merkwürdige Phobien hinsichtlich ihres Futterplatzes. Wir trafen sogar einen Hund, der nur zusammengequetscht unter dem vorderen Sitz eines Kombis zu fressen bereit war. Es mag auch sein, daß der Hund früher einmal Futter gestohlen und im Verborgenen aufgefressen hat. Für den Anfang macht es überhaupt nichts aus, wo Dein Hund frißt, solange er überhaupt irgend etwas zu sich nimmt. Versuche notfalls, ihn unter dem Bett oder hinter der Mülltonne zu füttern. All dies mag unhygienisch und leicht absurd klingen, aber Du weißt nicht, was dem Hund in seinem früheren Leben geschah. In diesem ersten Stadium ist es sehr wichtig, daß der Hund überhaupt frißt. Hat Dein Hund erst einmal Vertrauen gefaßt und sich an Dich gewöhnt, läßt er sich leicht an ein normales Fütterungsverhalten gewöhnen.

## FÜTTERUNG EINES JUNGHUNDES

Erhältst Du aus dem Tierheim einen Junghund - unter sechs Monaten - muß er zunächst mit konzentrierterem Futter ernährt werden als ausgewachsene Hunde. Junghunde brauchen im Verhältnis zu ihrem Körpergewicht immer große Futtermengen, ihr Magen hat aber eine kleinere Kapazität. Besonders Trocken-Komplett-

*Ist Dein Tierheim-
hund noch ein
Welpe, braucht er
Futter von sehr
guter Qualität, das
täglich auf drei
bis vier Mahlzeiten
verteilt wird.*

futter, die erwachsenen Hunden häufig gefüttert werden, können für Junghunde schwierig zu verdauen sein. Am besten fütterst Du eine Mischung, die eigens für Junghunde zusammengestellt ist.. Es empfiehlt sich immer, die Futtermittel vor der Fütterung einzuweichen.

Die Gesamtfuttermenge für einen Junghund sollte täglich auf drei bis vier Mahlzeiten verteilt werden. Nach und nach wird die Fütterung auf zwei bis drei Mahlzeiten reduziert, bis man im Alter von achtzehn Monaten zur Fütterungsmethode für erwachsene Hunde übergeht. Wenn man die Häufigkeit der Mahlzeiten verringert, bedeutet dies in keiner Weise, daß auch die Futtermenge reduziert wird. Im Gegenteil, mit dem Wachstum des Hundes muß auch die Futtermenge gesteigert werden.

## FÜTTERUNG DES AUSGEWACHSENEN HUNDES

Mit Ausnahme von Welpen und Junghunden bis zum Alter von achtzehn Monaten, bei denen die Fütterung auf mehrere Mahlzeiten verteilt wird, ist eine Mahlzeit täglich für einen ausgewachsenen Hund ausreichend. Wann der Hund gefüttert wird, ist eine Frage der persönlichen Haushaltsführung. Wenn Du aber die Fütterungszeiten einmal festgelegt hast, solltest Du immer dabei bleiben. Die im Magen des Hundes befindliche Uhr macht diese Zeiten schnell zur Routine. Wenn Du an einem Tag um zehn Uhr morgens und am nächsten Tag um zehn Uhr abends fütterst, wirst Du einen sehr verunsicherten und unglücklichen Hund um Dich haben. Natürlich ist es kein Unglück, wenn sich die Mahlzeit im Tagesablauf gelegentlich um etwa eine halbe Stunde verschiebt. Wir selbst füttern am frühen Abend, über Nacht hat der Hund damit einen vollen Bauch, das läßt ihn besser schlafen, und er kann in Ruhe verdauen. Wenn der Hund dann am frühen Morgen etwas hungrig aufwacht, kann er zum Frühstück zusätzlich eine handvoll Hundekuchen bekommen. Wenn er dann auch noch eine Schüssel Tee möchte, sollte er diese gleichzeitig erhalten.

## FUTTERMENGEN

Hunde aus dem Tierheim variieren in der Größe, vom winzigen Yorkshire-Terrier bis zur Körpergröße einer Deutschen Dogge. Deshalb ist es unmöglich, hier präzise

Futtermengen für den Tagesbedarf zu empfehlen. Wenn Du ein industriell gefertigtes Produkt fütterst, findest Du mit Sicherheit auf der Verpackung die gewünschten Hinweise und wieviel Futter, bezogen auf das Gewicht des Hundes, notwendig ist. Heutzutage lauten alle diese Angaben auf Kilos, entsprechend sollte man auch das Körpergewicht des eigenen Hundes kennen. Vorausgesetzt der Hund ist nicht zu groß, geschieht dies am einfachsten, indem man den Hund auf den Arm nimmt und sich selbst auf die Badezimmerwaage stellt. Mit einem Helfer wird die Skala abgelesen, da es meist schwierig ist, mit dem Hund auf dem Arm nach unten zu schauen. Man erhält das Gewicht Mensch/Hund, wiegt sich danach selbst ohne Hund, zieht dieses Gewicht von der Gesamtsumme ab und hat das Gewicht des Hundes.

Für die Gesundheit Deines Hundes ist es nicht gut, wenn Du ihm mehr als die empfohlene Futtermenge gibst, meist entsteht hierdurch Übergewicht. Bei Markenfutter in Form von Komplettnahrung kann man beruhigt den Fütterungsempfehlungen folgen. Gebrauchst Du solches Futter aber nur als Teil der eigenen Mischung, muß natürlich die zusätzliche Futtermenge vom Fertigfutter abgezogen werden. Die genaue Futtermenge ist eigentlich immer eine Frage des gesunden Menschenverstandes. Einige Hunde - genau wie einige Menschen - setzen schon bei sehr wenig Nahrung Gewicht an. Andere verzehren Riesenmengen und bleiben dennoch schlank.

Das Ziel muß immer sein, daß Dein Hund soviel Futter erhält, wie er fressen möchte, vorausgesetzt er behält dabei seine schlanke Linie. Zeigt Dein Hund Anzeichen von Übergewicht, wird die Futtermenge verringert. Nach Möglichkeit sollte man die Gewicht ansetzenden Bestandteile reduzieren. Erscheint Dir Dein Hund zu dünn, sollte die Futtermenge entsprechend seinem Bedarf vergrößert werden. Hunde, die viel freien Auslauf haben, brauchen in der Regel mehr Futter als *Schlummerrollen*, die über den größten Teil des Tages zufrieden im Haus verbringen.

Zur Belohnung darf man seinem Hund durchaus kleine Leckerbissen geben. Sie sollten aber wirklich sehr klein sein und nicht zu viele Kalorien haben, so daß sie sich stärker auf die Gesamternährung auswirken. Es macht wenig Sinn, einen klaren Futterplan für bestimmte Mahlzeiten aufzustellen und danach dem Hund ungehinderten Zugang zur Büchse mit Hundekuchen einzuräumen. Wir erinnern uns eines besonders liebevollen Hundebesitzers, der uns stolz seinen achtzehn Monate alten Rottweiler vorstellte, den wir ihm als Welpen verkauft hatten. Zu unserem Entsetzen war der Hund so fett, daß er kaum noch gehen konnte. Der Besitzer versicherte, daß er sich genau an den Ernährungsplan, den wir ihm gegeben hatten, gehalten habe. Weitere Nachfragen zeigten schnell, daß die Mahlzeiten des Hundes durchaus dem Futterplan entsprachen, der Hund hatte aber ständigen Zugang zu einer großen Spülschüssel, in der immer eine Menge Hundekuchen lagen - einfach falls er einmal zwischen den Mahlzeiten etwas Appetit hätte!

## AUSWAHL DES HUNDEFUTTERS

Die Futtermittelindustrie betreibt heutzutage ein Milliardengeschäft. Allein in England wird für viele Milliarden Pfund Hunde- und Katzenfutter verkauft. Die Hersteller geben für ihre Produktwerbung mehr als 37 Millionen Pfund aus. Es wird eine riesige Futterauswahl angeboten, neben den Grundfuttermitteln auch Spezialdiäten, die von Gourmetmahlzeiten bis zu kleinen Snacks und Leckerbissen zwischen den Mahlzeiten reichen. Das Angebot umfaßt außerdem Spezialfuttermischungen für hart arbeitende Hunde. Dickleibige Hunde erhalten Mischungen mit niedrigem Kalorienwert, es gibt Spezialzusammensetzungen für säugende Hündinnen. Weiter umfaßt das Ange-

# FÜTTERUNG UND ERNÄHRUNG

bot Spezialnahrung für Welpen und Futtermischungen für alte Hunde. Es gibt vegetarische Mischungen für Hunde, die eine solche Ernährung brauchen oder deren Besitzer selbst Vegetarier sind und die ihrem Hund das Gleiche bieten möchten. Heute wird Hundefutter in Büchsen, gefroren, getrocknet, Vakuum verpackt oder in Form von Hundekuchen, Mixer, Flocken oder Pellets angeboten.

Es kann gar kein Zweifel bestehen, daß es umfassender Forschungen und sehr viel Arbeit bedarf, um ein gesundes, sicheres Hundefutter herzustellen, wobei wir trotzdem vermuten, daß viele Verpackungen und Aufmachungen in erster Linie entwickelt werden, um die Menschen und weniger die Hunde anzusprechen. Die Futtermittelindustrie war außerordentlich erfolgreich darin, Abfallprodukte, die für die menschliche Ernährung weniger geeignet sind, in einer Art zu verarbeiten, daß sie für Käufer von Hundenahrung recht attraktiv wirken. Möglicherweise hätte der Hund sie lieber in ihrer ursprünglichen Form gefressen - sein Besitzer hätte sie ihm aber nicht gekauft! Böse Zungen behaupten, die Industrie habe allen Abfall so verwandelt, daß daraus ein brauchbares Futter, ohne gesundheitliche Risiken, entstanden sei. Tatsache ist, daß eine Vielfalt von Hygienevorschriften heute dazu führt, daß Hundebesitzer die größten Schwierigkeiten haben, für ihre Hunde frisches Futter zu besorgen, es sei denn, sie setzen Nahrungsmittel ein, die eigentlich für die menschliche Ernährung angeboten werden. Leider sind die Zeiten vorbei, wo man vielerorts große Mengen von für Hunde geeignetem Abfallfleisch oder frischem Pansen kaufen konnte.

Was Du tatsächlich an Deinen Hund verfütterst, ist von einer Vielzahl von Faktoren abhängig. Ein sehr kleiner Hund, der nur winzige Futtermengen braucht, läßt sich mit Produkten für die menschliche Ernährung füttern, ohne daß die dabei anfallenden Kosten zu hoch liegen. Wir kennen zwei sehr kleine Hunde, deren wöchentlicher Speiseplan aus zwei gekochten Hühnern, einer kleinen Menge guter Hundekuchen, sowie - zwischen den Mahlzeiten - einigen kleinen Leckerbissen und hier und da noch etwas Essensresten besteht. Beide Hunde sind sehr fit, ihr Stuhlgang vorzüglich, keine Anzeichen von Übergewicht. Die Gesamtkosten für beide Hunde liegen pro Woche sicherlich nicht höher als der Preis von drei Schachteln Zigaretten. Das Geld ist - nach Meinung ihrer Besitzer - so besser angelegt. Die Kosten würden bei großen Hunden jedoch zu einem ausschlaggebenden Faktor, wenn man Produkte für die menschliche Ernährung einsetzen wollte. Bei den zahlreichen Angeboten an gutem Hundefutter, die auf dem Markt sind, gibt es hierfür auch keine Notwendigkeit.

## AUSGEWOGENE ERNÄHRUNG

Jeder Hund verlangt eine ausgewogene Nahrung. Darunter versteht man, daß das Futter die notwendigen Proteine, Fette, Kohlehydrate, Vitamine und Mineralien enthalten muß. Was eine ausgewogene Ernährung verlangt ist zuweilen umstritten. Obwohl der Hund technisch ein Fleischfresser ist, sieht man in ihm besser einen Allesfresser. Ein Hund kann durchaus alleine auf Basis von Fleisch wie auch rein vegetarisch überleben. In der freien Natur fraß der Hund andere Tiere einschließlich deren Mageninhalt, außerdem wahrscheinlich Früchte, Wurzeln und Gemüsepflanzen, um ein ausgewogenes Futter zu haben. Heute lebt der Hund aber bereits über eine sehr lange Zeit gemeinsam mit dem Menschen. Auf gleiche Art wie sich dabei sein Charakter veränderte, hat sich auch seine Verdauung angepaßt. Für bestimmte Hundearten war es über Generationen ausreichend, das zu fressen, was sie nun einmal auftreiben konnten. Extrembeispiele hierfür sind der Border-Collie, der nahezu ausschließlich mit Haferschrot ernährt wurde, und der Husky, der fast ausnahmslos von Seehundfleisch lebte, das zu zwei Dritteln aus Fett besteht. Beide Hunderassen arbeiten außerordentlich hart in einer unwirtlichen Umwelt und bleiben bei dieser Art von Fütterung trotzdem fit und gesund. Über Jahrhunderte der Domestikation wurde der Hund in seinem Futterbedarf extrem anpassungsfähig.

Auch Menschen brauchen eine ausgewogene Ernährung. Wie auch immer, nur wenige verbringen Stunden damit, die präzise Zusammensetzung jeder Mahlzeit auszurechnen. Stattdessen verzehren wir eine abwechslungsreiche Nahrung. Unser Körper findet selbst heraus, was wir brauchen und läßt den Rest ungenutzt. In einem vernünftigen Rahmen tut der Hund genau dasselbe. Die Futtermittelhersteller werden Dir erzählen, daß ihre Komplettnahrungen - in einigen Fällen auch eine Kombination - Deinem Hund eine ausgewogene Ernährung bieten. Deshalb kannst Du das Futterproblem lösen, indem Du an den Regalen eines Supermarktes entlang gehst, die Etiketten liest und dann, nach eigenem Geschmack und Größe Deiner Geldbörse, die entsprechende Entscheidung triffst. Entschließt Du Dich, Deinen Hund ausschließlich mit Produkten der Futtermittelindustrie zu ernähren, ist weitgehend gewährleistet, daß Dein Hund gesund ernährt wird. Insbesondere brauchst Du dann über diese Frage gar nicht weiter nachzudenken. Trotzdem - bei dem breiten Angebot verschiedener Arten von Hundefutter auf dem Markt - solltest Du doch gewisse Grundkenntnisse haben, ehe Du Dich abschließend entscheidest.

## INDUSTRIELL HERGESTELLTES HUNDEFUTTER

Im Grundsatz erhält man industriell hergestelltes Hundefutter entweder in Büchsen, in luftdicht verschlossenen Behältern oder in Form von Pellets als Trockennahrung. Außerdem trifft man auf Mischungen verschiedener, getrockneter Gemüse mit Getreideprodukten, häufig noch ergänzt mit Trockenfleischpelletts. Im Grundsatz steht man eigentlich immer vor zwei verschiedenen Angeboten: Als erstes das Komplettfutter, in dem alles enthalten ist, was ein Hund braucht - im allgemeinen entweder als Trockenfutter, als Pellets oder als lose Futtermischung. Zum anderen gibt es Hundefutter in Büchsen oder als vakuumverpacktes Fleisch, das zuweilen aber kein reines Fleisch ist. Büchsen oder Fleisch werden meist zusammen mit einem "Mixer" verfüttert, der separat verkauft wird.

**Büchsenfutter:** Es gibt bei Büchsen und vakuumverpackten Produkten enorme Unterschiede in Preis und Aufmachung. Einige der Produkte könnten für Deinen Hund zu kalorienreich sein. Nach unserer Erfahrung können sich diese, wenn der Hund nicht daran gewöhnt ist, als unerwünschtes Abführmittel erweisen. Analogangebote zu Kaviar und Steak - so angenehm sie schmecken mögen - sind keinesfalls als Hundefutter erforderlich. Das Billigste von diesen Angeboten ist ein Produkt, das in erster Linie aus Cerealien und Fisch besteht. Gemischt mit einem *Allzweckmixer* kann es durchaus für bescheidene Ansprüche als Nahrung akzeptiert werden.

**Komplettfutter:** Im oberen Preisbereich wird das alle Futterstoffe enthaltende Komplettfutter gewöhnlich in Form von Pellets oder Schrot angeboten. Diese Produkte sind sehr sorgfältig zusammengestellt, zwar teuer, sie bieten aber eine vorzügliche Ernährung. Einige der besten Hersteller benutzen als Hauptbestandteil Huhn und betonen, daß sie dabei die Verwendung von Kopf, Füßen, Federn und Knochen ausschließen. Wir haben allerdings bezüglich des Inhalts der Fabrikate einiger Hersteller einige Bedenken. Protein kann beispielsweise tierisch, pflanzlich oder sogar aus Grundstoffen wie Öl hergestellt werden. Einige dieser Komplettfutter sind manchmal ziemlich voluminös, der Hund braucht eine große Futtermenge, um seinen Nahrungsbedarf abzudecken. Die Übersetzer merken an dieser Stelle an, daß nach eigenen Erfahrungen das in den deutschsprachigen Ländern offerierte Angebot an Komplettfutter qualitativ hochwertig ist, alle Angaben der englischen Autoren also nicht direkt auf das Angebot des deutschen Marktes übertragen werden können. Jetzt aber wieder zurück zu den englischen Autoren.

Viele Hersteller von Komplettfutter empfehlen, ihr Produkt nur im Trockenzustand zu verfüttern. Neben der Tatsache, daß diese Ernährungsweise für den Hund außerordentlich langweilig sein muß, sind wir immer beunruhigt, daß sich Trockenfutter im Magen des Hundes stark ausdehnt, und es dadurch zu einer gefährlichen Entwicklung kommen kann. Diese ist als *Magenumdrehung (bloat)* bekannt. Aus diesem Grunde - und weil hierdurch auch das Futter schmackhafter gemacht werden kann - weichen wir Hundekuchen wie auch Komplettnahrung vor der Fütterung entweder in Fleischbrühe oder heißem Wasser ein.

**Hundekuchen:** Neben den Komplettfuttern und der Futterzusammenstellung von Fleisch und Futtermixer gibt es ein breites Angebot an Hundekuchen und Hundekuchenmehl, letzteres besonders auf dem englischen Markt. Das Hundekuchenmehl dient immer als Ergänzung zu tierischen Proteinen in Form von Fleisch in Büchsen, gefroren oder frisch. Am besten ist hierfür *biscuit wholemeal*, dem einige Hersteller Vitamine und Kalzium beimischen.

**Haushaltsabfälle:** Die Fütterung industriell hergestellter Produkte haben wir ausführlich behandelt. Unbestritten bleibt, daß diese Futtermittel die einfachste und bequemste Lösung sind, um den eigenen Hund zufriedenzustellen. Trotzdem werden zahlreiche Hunde heute noch mit Haushaltsabfällen gefüttert, mit oder ohne Zusatz von industriell erzeugten Futtermitteln. In anderen Ländern Europas ist gegenüber England der Prozentsatz der Hunde, die von Tischabfällen leben, sehr viel größer. Es gibt keinen vernünftigen Grund, warum man nicht zeitweise dem Hund auch Reste menschlicher Nahrung geben sollte, vorausgesetzt, man beachtet ein Grundprinzip. Wir schlagen vor, daß etwa zwanzig Prozent der Hundenahrung aus Resten bestehen kann, die aus für Menschen vorbereiteten Speisen stammen. Die anderen achtzig Prozent sollten aber aus industriell hergestelltem Futter oder natürlichem Fleisch bestehen.

## NÄHRWERT

Wenn Du Tischreste als Bestandteil der Hundenahrung verwendest, ist es wichtig, Wert und Verdaulichkeit einiger gebräuchlicher Nährstoffe, die in einem Durchschnittshaushalt anfallen, zu kennen.

**Fleisch:** Hunde lieben Fleisch, es ist eine wertvolle Proteinquelle. Als Alleinnahrung reicht es aber keinesfalls aus. Man darf es nur in Verbindung mit anderen Nahrungsmitteln wie Hundekuchen oder einer der Komplettfuttersorten füttern, wobei diesen bereits Kalzium und Vitamine zugesetzt sein sollten. Fleisch sollte nie mehr als fünfundzwanzig Prozent der Gesamtfuttermenge ausmachen. Wenn Du sicher bist, daß das Fleisch frisch und gesund ist, kann es, aber nur vom Rind, roh gefüttert werden. Sicherer ist es, Fleisch zu kochen, wobei man dann die Fleischbrühe nutzt, um hinzugefügte Getreidemischungen einzuweichen.

## DIE ZWEITE CHANCE

**Leber:** Auch dies ist eine gute Quelle für Protein und Vitamine, man sollte Leber aber nur gelegentlich und in kleinen Mengen verfüttern. Leber muß immer gekocht werden. Für die meisten Hunde ist ungekochte Leber wenig schmackhaft, sie führt auch extrem ab.

**Eier:** Eine gute Quelle für Protein und Vitamine. Beim Rohfüttern sollte nur das Eigelb gegeben werden, Eiweiß wirkt auf einige Vitamine zerstörerisch. Am besten kocht man das Ei hart oder man verarbeitet es ganz zu Rührei und setzt es anderen Produkten zu. Zur Behandlung von Durchfall können hartgekochte Eier nützlich sein.

**Knochen:** Das Kauen von großen Knochen wird das Zahnfleisch gesundhalten, Belag und Zahnstein von den Zähnen entfernen. Ständiges Kauen auf harten Knochen kann jedoch die Zähne abnutzen oder auch abbrechen, was beim alten Hund zu Problemen führt. Obgleich Hunde schon immer Knochen fraßen, sind sie für den Hund heute wirklich nicht wichtig. Eine Handvoll harter Hundekuchen täglich hat genau den gleichen Reinigungseffekt gegen Zahnbelag und Zahnstein.
Grundsätzlich sollten nur große, rohe Knochen verfüttert werden - sie dürfen weder klein sein, noch splittern. Immer nur Rinderknochen verwenden, Schweineknochen sind ebenso verboten wie Knochen von Wild oder Geflügel. Manche Hunde sehen im Knochen ihren persönlichen Besitz und versuchen zu schnappen, wenn sie fürchten, daß Du oder ein Kind ihnen ihren kostbaren Schatz wegnehmen wollen. Sachgerechte Erziehung, die Vertrauen schafft und Geduld erfordert, ist angezeigt. Wöchentlich reicht ein Knochen aus. Hat der Hund eine Stunde oder mehr daran gekaut, sollte man den Knochen für einige Zeit entfernen. Damit verhindert man, daß sich der Hund eine Knochensammlung anlegt, in der Regel unter den Kissen Deines besten Sofas, was vielleicht für Deine Besucher unbequem ist.

**Milch:** Sie enthält die meisten Nährstoffe - richtig gesehen ist sie eine Komplettnahrung. Aber Hunde können ungesäuerte Milch, etwa ab einem Alter von sechs Monaten, nicht richtig in ihrem Magen-Darm-Trakt aufschließen, wodurch Durchfall entsteht. Das Problem läßt sich durch Mischung mit Sauermilch, Quark oder Joghurt lösen. Diese Futterstoffe sind auch für erwachsene Hunde besonders wertvoll, wobei man in aller Regel Milch mit Cerialien anbietet. Milchbrei, Reispudding oder Pasteten sind für Hunde leicht verdaulich. Wenn Dein Hund Milch verträgt, sie fachgerecht verfüttert wird und man eine preiswerte Quelle hat, sollte man dies nutzen. Wir kennen eine sehr erfolgreiche Züchterin einer der ganz großen Hunderassen. Täglich gibt sie ihren Hunden eine große Schüssel Milch ihrer Jersey-Kühe, und die Hunde befinden sich in erstklassiger Kondition.

**Gemüse:** Grünes Gemüse, wie beispielsweise Kohl, hat als Hundenahrung keinen hohen Nährwert, es enthält aber nützliche Vitamine. Ist etwas gekochter Kohl übriggeblieben, ist es immer richtig, die Reste in die Hundeschüssel, statt in den Abfalleimer zu geben. Kartoffeln und Karotten sind gekocht durchaus akzeptabel, man sollte aber keinesfalls versuchen, Kartoffeln zum größeren Bestandteil der Hundenahrung zu machen, dies wäre Geldvergeudung. Karotten lassen sich auch gut roh und fein gerieben im Futter verwenden.

**Brot:** Vollkornbrot ist gegenüber Weißbrot zu bevorzugen, da es mehr Faserstoffe enthält. Am besten weicht man trockenes, keinesfalls aber angeschimmeltes Brot in

Fleischbrühe ein. Hierdurch kann man gelegentlich alle anderen Arten von Mixer oder Hundekuchen in der Ernährung ersetzen.

**Käse:** Eine gute Quelle für Kalzium und Phosphor. Alle Überreste - einschließlich der Kruste - gehören in die Hundeschüssel.

**Reis:** Einfacher gekochter Reis ist recht gut und besonders für Hunde mit Magenerkrankungen geeignet. Es muß unbedingt darauf geachtet werden, daß der für Hunde zubereitete Reis absolut weich gekocht ist, andernfalls läßt er sich vom Hundemagen nicht aufschließen. Keinesfalls empfehlen wir, die Reste eines chinesischen Essens in die Hundeschüssel zu geben.

**Hundekuchen:** Hier sprechen wir von den üblichen Hundekuchen, die es in einer Vielfalt von Formen und Größen gibt, auch in sehr großen Brocken, die man nur mit dem Hammer zerkleinern kann. Hundekuchen sind für Kleinmahlzeiten geeignet, sie bieten Faserstoffe und Energie. Besonders wichtig sind harte Hundekuchen für die Zahnpflege, auch halten sie die Hunde vernünftig beschäftigt. Es gibt Hundekuchen in verschiedenen Farben, wobei die Farben den Inhalt gewisser Mineralien anzeigen. So gibt es in England schwarze Hundekuchen mit Kohle - wie die Hersteller sagen, eine Verdauungshilfe; Kohle vermindert auch die Gasbildung im Verdauungstrakt, wenn sie auch zu höflich sind, dies zu erwähnen.

**Wasser:** Wassermangel kann einen Hund durch Austrocknen viel schneller töten als Futtermangel. Grundsätzlich sollte der Hund immer freien Zugang zu einer Schüssel mit sauberem und kaltem Wasser haben. Selbst wenn noch Wasser in der Schüssel ist, muß man es häufig erneuern. Wie würde Dir ein Glas Bier schmecken, das mit einem dünnen Staubfilm bedeckt ist, zusätzlich noch garniert mit einigen toten Fliegen? Am besten macht man sich eine grobe Vorstellung der Normalwassermenge, die ein Hund trinkt und vermehrt diese bei heißer Witterung und nach dem Auslauf. Auch die Art der Fütterung beeinflußt die Wasseraufnahme. Hundefutter in Büchsen enthält bis zu achtzig Prozent Wasser, Hundetrockennahrung enthält manchmal nur zehn Prozent. Daraus folgt, daß wenn man Alleinfuttermischungen einsetzt, sie trocken verfüttert, der Hund wesentlich mehr Wasser braucht als bei Ernährung mit Büchsennahrung. Achtung! Trinkwasseraufnahme kontrollieren! Übermäßiges Trinken ohne klare Ursache kann ein Krankheitssymptom sein. Wenn es länger anhält, sollte man unbedingt den Tierarzt befragen.

**Ergänzungsstoffe:** Dein Zoofachhändler hat wahrscheinlich eine ganze Reihe von Ergänzungsstoffen, die man dem Futter beifügen kann. Solche Zusatzstoffe müssen aber mit einiger Vorsicht und überlegt gebraucht werden. Vor einigen Jahren war es außerordentlich modern, dem Hundefutter zusätzlich Vitamine, Kalzium, Mineralien etc. beizufügen. Dabei ging man von der irrigen Auffassung aus, der Hund nutze das, was er braucht und scheide die Reste aus. Das Ergebnis war eine Reihe von Erkrankungen wie beispielsweise Knochenmißbildungen, die klar auf den übertriebenen Einsatz von Vitaminen und anderen Ergänzungsstoffen zurückgeführt werden konnten. Hundebesitzer versuchen immer, für ihre Hunde das Beste zu tun, mit solchen Zusatzstoffen können sie jedoch ernsthaften Schaden anrichten. Die Situation wurde noch viel komplizierter, als die Hundebesitzer den industriell hergestellten Komplettfuttern noch Zusatzstoffe oder Lebertran beifügten, obwohl gerade diese

Komplettfutter in ihrer Zusammensetzung bereits alle diese Ergänzungsstoffe enthielten.

Ergänzungsstoffe können in der Hundeernährung durchaus einen angemessenen Platz haben, beispielsweise bei Mangel an Mineralien oder Vitaminen. Sie müssen aber immer genau entsprechend den Anweisungen der Hersteller eingesetzt werden. Fütterst Du eines der Komplettfutter von guter Qualität, ist es sehr unwahrscheinlich, daß Dein Hund Ergänzungsstoffe braucht.

Verwendest Du Zusatzstoffe, so solltest Du wissen, daß sowohl diese industriell hergestellten Ergänzungsstoffe wie auch Lebertran - im Überfluß verabreicht - als Gifte wirken. Über Hefetabletten als Vitamin-B-Quelle sind keine negativen Auswirkungen bekannt, man verabreicht sie ähnlich wie beim Menschen, aber immer genau nach Gewichtsangabe. Einige Hundebesitzer schwören auf Knoblauch als Ergänzung der Ernährung, andere wiederum bestreiten die Wirkung. In Tablettenform verabreicht könnte es als eine Art innere Reinigung wirken. Viele Hundeliebhaber glauben auch, daß Knoblauch hilft, vor Krankheiten zu schützen. Jedenfalls haben wir bisher nicht herausgefunden, daß es schädlich wäre.

Wenn Dein Hund Anzeichen zeigt, die nach tierärztlicher Diagnose auf irgendeine Art von Ernährungsstörung hinweisen, muß man die Ernährung überprüfen, eventuell umstellen, nach fachmännischer Anleitung auch notwendige Ergänzungsstoffe beifügen. Mit Ausnahme solcher Fälle ist es recht unwahrscheinlich, daß Dein Hund irgendwelche Zusätze braucht, vorausgesetzt Du verfütterst ein Komplettfutter oder eine vernünftig aufgebaute vielseitige Futtermischung.

## ZUBEREITUNG

Angenommen, Du verwendest für Deinen Hund auch Essensreste, sollte die Grundlage der Mahlzeit immer eine der trockenen Komplettfuttermischungen sein, zusammen mit einem guten Biscuitmixer, in Anteilen 1:1. Diese Mischung wird entweder mit Fleischbrühe oder heißem Wasser eingeweicht. Die Flüssigkeit soll in erster Linie den Mixer zum Quellen bringen, keinesfalls darf man so viel beifügen, daß daraus eine Art dünner Brei wird. Diese Mischung ergänzt man mit etwa einer halben Büchse Fleischfutter und den Resten, die vom Tisch übrig bleiben.

Anders als Menschen sind Hunde nicht durch ausländische Gewürzkombinationen verdorben, lassen sich deshalb sicher nicht abstoßen, wenn Du der Nahrung, auch wenn schon Fleisch, Kohl, Käse, Schinken, Rinde und ein halbes hartgekochtes Ei darin enthalten sind, das Öl von Büchsensardinen beimischst.

## DIÄTNAHRUNGEN

Natürlich hoffen wir, daß Dein Hund keine Spezialdiät irgendeiner Art braucht, ehe er in ein höheres Alter kommt. Trotzdem ist es möglich, daß die Ernährung aufgrund einer vorübergehenden oder dauernden Erkrankung genau überprüft werden muß. Diätnahrung sollte dann unbedingt entsprechend der Beratung des Tierarztes festgelegt werden. Wenn beispielsweise Hunde unter Diabetes leiden, brauchen sie eine Diät hoher Energieträger mit Kohlehydraten. Ein anderer Hund, der an Nephritis (Nierenerkrankung) leidet, braucht wenig Proteine, diese aber von hoher Qualität. Auch Hauterkrankungen können dazu führen, daß die Ernährung sorgfältig umgestellt werden muß. Gelegentlich kann ein Hund Fleisch nicht verdauen, in solchen Fällen gibt es eine ganze Anzahl von industriell hergestellten Vegetariermischungen, unter denen die richtige Auswahl getroffen werden sollte.

## PROBLEMHUNDE IN DER ERNÄHRUNG

Vielleicht hast Du einen Hund, der sehr futtermäklig ist. Dieses Problem, oft durch Streß oder Magenverstimmung entstanden, ist in der Regel mit Zeit und Geduld zu lösen. Meist geht es darum, den Hund dazu zu bringen, wieder mit Fressen zu beginnen, oft durch kleine Leckerbissen, etwa gekochte Leber, Käse oder Huhn. Wenn der Magen das aufnimmt, wird der Hund bald wieder normal fressen. Zuweilen kann man einen solchen Hund durch besonders gewürzte Leckerbissen wie kleinere Stücke eines Bücklings - ohne Gräten - oder ein paar Sardinen in Versuchung bringen. Auch industriell hergestelltes Katzenfutter, das stärker gewürzt wird als das Hundefutter, kann hilfreich sein.

Je nachdem, womit Du Deinen Hund fütterst - es gibt ein uraltes Rezept, einen Trick, wonach man selbst eine kleine Menge des Futters kaut und dies dann an den Hund weitergibt. Dies ist ein Rückgriff auf die Welpenzeit, als die Hündin ihre Welpen entwöhnte, ihnen eigenes Futter vorkaute und auswürgte. Natürlich brauchst Du keine großen Mengen der einzelnen Hundemahlzeiten, die wir vorstehend beschrieben haben, zu kauen. Schon ein Löffel Deiner eigenen Mahlzeit oder ein Stück Brot mit Butter können Erfolg bringen.

Es ist durchaus möglich, daß ein Hund, der jetzt ein neues Zuhause erhält, Jahre mit seinem Vorbesitzer lebte und nie zuvor industriell hergestelltes Hundefutter gesehen oder probiert hat. Ein solcher Hund kann sein ganzes Leben mit Überresten der Mahlzeit und Leckerbissen ernährt worden sein, möglicherweise erhielt er als Getränk eine Schale Tee. Einen solchen Hund muß man mit verschiedenen Futtermitteln locken. Wir haben herausgefunden, daß verdauungsfördernde Kekse für Menschen, vielleicht vermischt mit leicht gewürztem Huhn, sich manchmal als recht attraktiv erweisen.

Wenn ein Hund einmal mit dem Fressen aussetzt, ist dies im Allgemeinen kein Grund zur Beunruhigung. Dies kann auftreten, wenn der Hund durch sehr viel Bewegung erschöpft ist oder wenn er, beispielsweise durch eine heiße Hündin, abgelenkt wird. Längere Futterverweigerung kann jedoch immer ein Vorzeichen einer ernsthaften Erkrankung sein. Dauert dies länger als 36 Stunden, muß der Hund zum Tierarzt gebracht werden.

Einige Hunde fressen gut und bleiben dabei dünn. Bei einem erwachsenen Hund ist dies nicht ungewöhnlich, insbesondere, wenn es sich um einen aktiven Hund handelt. Tatsache ist, auch ein heranwachsender Hund sollte immer eher schlank sein als überflüssiges Gewicht zu haben. Extremes Dünnsein, gekoppelt mit starkem Appetit, mag ein Hinweis auf starken Wurmbefall sein, auch eine andere Erkrankung anzeigen. Tierärztliche Beratung ist erforderlich. Es gibt eine Vielzahl von Diätfuttern auf dem Markt, die helfen, daß Dein Hund mehr Gewicht ansetzt.

Magenverstimmungen zeigen sich häufig durch einen "rumpelnden Magen". Diese Magengeräusche sind zuweilen recht laut, man kann sie im ganzen Zimmer hören, am besten natürlich, wenn man das Ohr nahe an den Magen des Hundes legt. In solchen Fällen zeigt Dein Hund auch häufig einen nahezu unkontrollierbaren Wunsch, frisches Gras zu fressen. Kein Grund zur Besorgnis. Er hat sich bestimmt nicht in ein Schaf verwandelt, ebensowenig sucht er nach einigen lebensnotwendigen Vitaminen, die in seiner Ernährung fehlen, wie Dir einige Leute erzählen werden. Nach dem Grasfressen wird der Hund wahrscheinlich ins Haus zurückkehren und das ganze Gras - von einem zähen Schleim bedeckt - ausbrechen und dies alles auf Deinem guten Teppich. Hunde fressen Gras, um einen Überschuß an Magensäften loszuwerden, die sich in einem leeren Magen angesammelt haben.

Nach unserer Erfahrung haben sich dagegen *"Kolik-Mittel"* für *Kinder* bewährt, auch andere säurebindende Medikamente. Man dosiert diese wie für ein Kind gleichen Gewichts, es hilft schnell. Mit einem Löffel wird die Flüssigkeit seitlich in den Hundefang gegeben. Von den homöopathischen Mitteln werden *"nux vom"* oder *"arsen alb"* empfohlen, in der gleichen Art und Dosierung. Besonders bei Kleinhunden hat sich dies als sehr gut erwiesen. Man sollte seinen Hund an Straßenrändern oder auf Wiesen, die mit Pestiziden behandelt wurden, keinesfalls Gras fressen lassen.

Manchmal wirst Du feststellen, daß Dein Hund Futter in Form einer langen Wurst wieder ausbricht, dies kommt mehr aus der Speiseröhre als aus dem Magen. So etwas geschieht meist wenige Minuten nach dem Fressen. Eine verständliche Reaktion wäre, den Hund auszuschimpfen, einen Putzlappen zu holen und - wenn Du gut gelaunt bist - dem Hund frisches Futter anzubieten. Am besten solltest Du aber nichts dergleichen tun. Laß das Futter da, wo es ist, sage dem Hund überhaupt nichts und nach kurzer Zeit wird der Hund das Futter wahrscheinlich wieder gefressen haben. Diesmal bleibt es dann, wo es hingehört. Solche Sitten sind ziemlich verbreitet, werden bei einigen Hunden als völlig normal angesehen. Meist liegt die Ursache darin, daß der Hund sein Futter zu schnell heruntergeschlungen hat. Wenn man seinen Hund ausschimpft, macht ihn dies möglicherweise zur Fütterungszeit furchtsam und verdirbt seinen Appetit. Erfolgt diese Art von Ausbrechen jedoch zu häufig, füttert man seinen Hund am besten draußen vor der Tür auf einigen Lagen Zeitungspapier. Im Zweifelsfall sollte man sich mit seinem Tierarzt beraten.

*Hundeerziehung...*
*...tierisch gut!*

## ERZIEHUNGSSORGEN ?

Lesen Sie:
**John Rogerson**
**HUNDEERZIEHUNG...TIERISCH GUT !**
Für eine erfolgreiche Hundeerziehung gibt es zwei Wege - Unterdrückung unerwünschter Handlungen oder Verstärkung richtigen Tuns durch Lob. Das Aktivieren erwünschter Handlungen, wie es John Rogerson geradezu meisterhaft in diesem Buch dokumentiert, führt zur HUNDEERZIEHUNG...TIERISCH GUT ! Schritt für Schritt leitet der Autor den Leser durch alle Einzelheiten, die er zur Erziehung seines Haushundes wissen muß, besonders beeindruckend, wie menschliche Stimme, Mimik und Hände den Hund lehren.

Das besondere an diesem Buch ist, daß sein Wissen mit viel Humor - fast spielerisch - auf den Leser übergeht. Er braucht nur noch des Gelernte auf den Alltag mit seinem Hund zu übertragen.

**Nur DM 24.80 !**
**KYNOS VERLAG DR. DIETER FLEIG GMBH Am Remelsbach 30**
**D-54570 Mürlenbach Tel. 06594 - 653 Fax. 06594 - 452**

*Kapitel 5*

# Umerziehung

## AUSBILDUNGSZIELE

Das Bestreben jedes Hundebesitzers sollte immer sein, einen wohlerzogenen Hund zu haben, den er überall mitnehmen kann, der sich in die Gesellschaft einfügt und gleichermaßen harmonisch mit Menschen und Tieren lebt. Agilitytraining, Prüfungen in Unterordnung oder Rettungshundeausbildung könnte man als Krönung einer Erziehungsaufgabe ansehen. Das Wesentliche an der Hundeerziehung ist aber immer, die Grundlagen eines gewissen Grundgehorsams zu lehren, um auftretende Probleme lösen können.

Beginnt man mit einem Welpen, ist die Aufgabe wesentlich einfacher, vorausgesetzt man fängt sofort mit dem Erziehen an. Dann besteht für Deinen Welpen gar keine Gelegenheit, schlechte Gewohnheiten anzunehmen. Den Welpen muß man mit einer Vielzahl von Situationen bekannt machen, ihn so sozialisieren, daß er die Umwelt, in der er leben muß, akzeptiert. Ein älterer Hund ist immer mit einem Fragezeichen behaftet. In aller Regel weiß man nicht, was ihm in seinem bisherigen Leben zugefügt wurde, deshalb kann man auch die Gründe für das Verhalten eines solchen Hundes kaum herausfinden. Wichtig ist es, Vertrauen und Partnerschaft aufzubauen. Dies ist eigentlich die Hauptaufgabe, hilft viel mehr zur Problemlösung als eine zu strikte Erziehung zur Unterordnung.

## DER RICHTIGE WEG

In der Vergangenheit wurde die Hundeerziehung im Normalfall als Unterwerfen eines Hundes gegenüber seinem Herrn gesehen. Der Begriff "Herr" gibt schon selbst einen Hinweis auf eine gezielte Beherrschung, sowohl im geistigen wie auch im körperlichen Sinn. Während einige der alten Hundeausbilder zwar das Gegenteil behaupten, war das Ziel ihrer Erziehung immer, eine Situation herzustellen, in der der Hund gehorchte, weil er sich fürchtete, sich anders zu verhalten. Selbst weibliche Ausbilderinnen entwickelten eine Stimme vergleichbar der eines Hauptfeldwebels, und die Ausbildungsstunden klangen wie das Echo von bellend erteilten Kommandos. Die Erfahrung hat uns aber eindeutig gelehrt, daß nackte Gewalt und Ignoranz bestimmt nicht die erfolgreichsten Ausbildungshilfen sind. Besonders bei einigen größeren, robusteren und hochintelligenten Schutzhunderassen erweist sich diese Methode als geradezu kontraproduktiv. Rassen wie der Rottweiler lassen sich schwer dominieren oder zu einer Mitarbeit zwingen, sind aber durchaus bereit, in einer Atmosphäre gegenseitigen Respektes zu arbeiten.

Deine persönliche Haltung zu dieser Frage ist von größter Wichtigkeit. In den Händen eines übelgelaunten, ignoranten Hundebesitzers wird ein Hund total verunsichert. Gerade unter unfähigen Ausbildern leidet ein Hund unendlich. Es bleibt ihm dann oft keine andere Wahl als zu beißen. Reagiert ein Hund auf diese Art, wird er als bösartig gebrandmarkt, möglicherweise verstoßen oder gar eingeschläfert. Beißen eines Hundes ohne Grund ist unverzeihlich, aber man muß sich immer vor Augen halten, daß viele Beißunfälle Folge von Mißbrauch oder fehlendem Wissen seitens des Hundebesitzers sind.

Erfahrene Hundeführer sind voller Selbstvertrauen, zeigen vor einem Hund keinerlei Angst. Deshalb erwarten sie auch kaum, von einem Hund gebissen zu werden

- und weil sie es nicht erwarten, passiert es auch sehr selten, selbst wenn viele mit schwierigen und sehr kraftvollen Hunden arbeiten. Ein Hund wird menschliche Furcht sehr schnell gewahr. Obgleich der Mensch hoffen mag, seine Furcht sei nicht zu merken, wenn sie vorhanden ist, nimmt der Hund sie wahr. Der Geruch von Furcht macht einen Hund unruhig, er weiß, daß etwas nicht stimmt, deshalb könnte er selbst mit Furcht reagieren und dies eine Beißattacke auslösen .

Neben Selbstvertrauen ist die zweite Voraussetzung für Erfolg die Fähigkeit, eigene Launen zu kontrollieren, zumindest es sich nicht anmerken zu lassen, wenn man seine Ausgeglichenheit verloren hat. Wenn Du - zeitweise - glauben magst, Dein Hund sei das stupideste, dickköpfigste, hinterlistigste Tier, das es je gegeben hat, führt eine Explosion unbeherrschter Wut, möglicherweise noch begleitet von körperlicher Gewalt, zu nichts, macht vielmehr die Situation noch wesentlich schlimmer. Das einzige Ergebnis, wenn man die Beherrschung verliert, ist, man löst beim Hund entweder Furcht oder Widerstand aus. Damit zerstörst Du meist alle gute Arbeit, die Du zuvor geleistet hast.

Wenn man seine Selbstbeherrschung verliert, weil der Hund nicht begreift, was man will oder Befehle nicht ausführt, ist das etwas ganz anderes, als wenn man aufgrund seines Fehlverhaltens Ärger oder auch Verstimmung simuliert. Eine unwirsche oder Schmerzen vorgebende Stimmlage ist recht wirksam, wenn man dem Hund seine Unzufriedenheit zeigen möchte. Möglicherweise kann der Hund das Kommando, die Pantoffeln zu holen oder bei Fuß zu gehen, nicht verstehen. Aber aus Deinem Tonfall merkt er recht schnell, daß Du es gar nicht magst, in die Waden gebissen zu werden oder was immer er gerade verkehrt macht. Es ist ein erzieherisches Erlebnis, wenn man eine Hündin dabei beobachtet, wie sie mit einem großen Wurf fünf oder sechs Wochen alter Welpen umgeht. Ihr Wutschrei, wenn ein Welpe darauf besteht, über ihren Kopf zu gehen oder seine Zähne an ihren Zitzen ausprobiert, kann außerordentlich eindrucksvoll sein. Manchmal klingt dies, als wolle die Hündin die ganzen Welpen umbringen. In Wirklichkeit fügt sie ihnen in keiner Weise Schaden zu, aber die Welpen lernen schnell, daß ihre Mutter schlechtes Benehmen nicht mag.

Zur Hundeausbildung bedarf es keiner magischen Formeln oder Geheimmethoden. Verhaltensforscher oder Hundepsychologen können Dir für das Verhalten Deines Hundes theoretisch den Grund nennen, dadurch verstehst Du das Problem besser. Aber gelöst wird die Angelegenheit in aller Regel nur durch sorgfältiges, wiederholtes Training. Der Ausbilder muß seinen Hund verstehen, dem Hund klarmachen, was er von ihm verlangt und insbesondere Vertrauen herstellen. Voraussetzung für eine erfolgreiche Erziehung Deines Hundes ist eine unbeschwerte Beziehung, aus der heraus der Hund das macht, was Du willst und daran Freude hat. Hierfür braucht man zwei Voraussetzungen - sehr viel Geduld und eine ganze Tasche voller Leckerbissen. Bei einem Hund erreichen Bestechung und Freundlichkeit nahezu alles.

## ERFOLGREICHE HUNDEBESITZER

Wir haben mit einer großen Anzahl von Hundefreunden gesprochen, die sich der Gesellschaft sehr gut angepaßter und erzogener früherer Tierheimhunde erfreuen. Dabei stellten wir fest, daß alle diese Besitzer bestimmte, gemeinsame Merkmale aufwiesen: Als erstes wirkten sie sehr ausgeglichen. Sie hatten keinerlei Veranlagung, sich über kleine hundliche Fehler aufzuregen und waren bereit, die Hintergründe der Handlungen des Hundes zu erforschen und zu verstehen. So sprachen wir mit dem Besitzer eines ganz besonders angenehmen Hundes. Dieser war von seinem Vorbesitzer im Alter von fünfzehn Wochen aus dem Haus geworfen worden, weil er jedermann in die Knöchel biß. Wie der neue Besitzer erklärte, gebraucht ein Junghund seinen Fang auf gleiche Art, wie das menschliche Baby Dinge ausprobiert, indem es sie mit den Händen greift. Ein solcher Junghund ist nicht bösartig, sondern einzig und allein neugierig. Ein Schrei der Ablehnung lehrt ihn schnell, daß Beißen in das Fußgelenk unerwünscht ist.

Als zweites stellten wir fest, daß Hundehaltung und eine besonders gepflegte Wohnung sich gegenseitig ausschließen. Die Wohnungen, die wir besuchten, waren bequem und ihre Bewohner glücklich. Es spielte aber kaum eine große Rolle, wenn auf dem Sofa einige Hundehaare waren oder sich auf dem Eingangsteppich eine schmutzige Pfote abzeichnete. Hunde sind nicht perfekt. Wie bei jeder anderen Beziehung erfordert Hundehaltung einen bestimmten Umfang von Geben und Nehmen zwischen Dir und Deinem Hund. Wenn Du Deinen Hund liebst, wirst Du ihm viele kleine Sünden verzeihen.

Das dritte gemeinsame Merkmal erfolgreicher Hundebesitzer ist - sie alle sind freundliche Menschen mit einem ausgeprägten Sinn für Verantwortung. Viele von ihnen arbeiten und helfen ihren Mitmenschen auch auf anderen Gebieten, genauso wie sie sich um ihre Hunde kümmern. Wenn wir mit Hundebesitzern sprachen, die mit extrem schwierigen Hunden zurechtgekommen waren, sagten sie alle das Gleiche: "Ich nahm den Hund zu mir, deshalb bin ich für ihn verantwortlich." So war die Tatsache, daß bereits sechs andere Leute den Hund besaßen und die Verantwortung wieder zurückgaben, wenn Probleme auftauchten, für die neuen Besitzer keinerlei Grund, sich ebenso zu verhalten.

Viele dieser erfolgreichen Hundebesitzer, die wir aufsuchten, sahen sich selbst in keiner Weise als "Hundeexperten" in dem Sinn, in welchem dieser Begriff oft von Menschen gebraucht wird, die in der Welt der Hunde besonders aktiv sind. Einen derartigen Anspruch erhoben sie nicht. Für sie spielt die Welt der Ahnentafeln, Hundezucht, Hundeausstellungen und Richter kaum eine Rolle.

Das Geheimnis des erfolgreichen Wiedereingliederns von Tierheimhunden besteht in der Liebe zum Hund, begleitet von einer vernünftigen Haltung. Diese Leute machen sich an ihre Aufgabe, dem Tierheimhund ein glückliches Zuhause aufzubauen, mit viel Geduld, Freundlichkeit, Verstehen, Sympathie und - gesundem Menschenverstand. Unter diesen Voraussetzungen ist der Erfolg nahezu sicher.

## DAS SPRECHEN MIT DEM HUND

Du solltest mit Deinem Hund sprechen. Darunter verstehen wir weniger das laufende Erteilen von Kommandos, wenn Du von Deinem Hund etwas forderst, vielmehr solltest Du Dich einfach mit Deinem hundlichen Lebensgefährten unterhalten. Derartige Unterhaltungen mögen manchem etwas einseitig erscheinen, aber tatsächlich hört ein Hund genau zu, nimmt allein aus dem Tonfall Deiner Stimme Hinweise. Lassen wir für den Augenblick einmal die verschiedenen Kommandos, die Du Deinem Hund beibringen mußt, zur Seite, dann ist das, was Du Deinem Hund sagst, gar nicht so besonders wichtig. Aber der Tonfall, in dem Du mit ihm sprichst, ist entscheidend. Schnell lernt Dein Hund, daß Du der Mensch bist, der ihn füttert, ihm ein Zuhause bietet und ihn schützt. Auch bereits ehe Dein Hund lernt, Dich deshalb zu lieben, möchte er sicherlich einen solchen Wohltäter nicht kränken. Die Worte mögen für ihn keine Bedeutung haben, aber Dein Hund reagiert außerordentlich empfindsam auf die Art, wie Du mit ihm sprichst. Etwas, was Du mit einer enttäuschten oder zornigen Stimme sagst, signalisiert ihm, daß Du nicht magst, was Dein Hund gerade tut. Die gleichen Worte in weicher, möglicherweise bewegter Stimme zeigen ihm, wie zufrieden Du mit ihm bist. Und der Hund wird darauf reagieren. Daraus folgt, daß Kommandos immer kurz und scharf gegeben werden müssen, und das Lob für die richtige Ausführung immer weich und ermutigend klingen muß.

Ein gutes Beispiel ist das Heranrufen des Hundes. Dabei wirst Du wahrscheinlich das Kommando "Hier!" gebrauchen, wobei der Name des Hundes vorausgeht. Selbst wenn Du Dich schon für eine wichtige Verabredung verspätet hast und über die zögernde Reaktion Deines Hundes in Wut gerätst, macht nichts die ganze Angelegenheit schlimmer als für das Kommando einen ärgerlichen Tonfall zu wählen. Dabei merkt der Hund, daß Du wütend bist und sieht keinerlei Vorteil, sich Dir in Deinem Zorn zu nähern. Die Alternative des Rufens mit einer freundlichen, weichen Stimme wirkt sehr viel effektiver. Dabei solltest Du Dich nicht um Dein Image bei Deinen Mitmenschen kümmern. Wir kennen eine ganze Anzahl erstklassiger Hundeausbilder, einige davon sind ausgeprägte Macho-Männer, die überhaupt nichts dabei finden, wenn sie durch den Ausbildungsring gehen und tief hinuntergebeugt sanft wie zu Babies sprechen, um einen neuen Junghund zu ermuntern, fröhlich an der Leine zu gehen.

Du solltest Dich öfter mit Deinem Hund unterhalten, selbst wenn Du von ihm gerade gar nichts möchtest. Dies führt Euch beide enger zusammen. Vielleicht schaust Du Dir mit Deinem Hund gemeinsam das Fernsehprogramm an, erzählst ihm, wie es Dir gefällt - Du kannst ihm auch Kommentare zu Deiner Schwiegermutter geben - und zwar in einer Form, wie gegenüber niemand anderem! Das Sprechen dient auch dazu, die Aufmerksamkeit des Hundes zu konzentrieren, um ihn ruhig zu halten - etwa bei der Fellpflege oder wenn Du die Leine anlegst. Wir haben es schon gesagt, möglicherweise versteht der Hund überhaupt nicht, was Du ihm erzählst. Aber er reagiert immer auf Deine Stimme und Deinen Tonfall.

## STRAFE UND BELOHNUNG

Wie Menschen lernen auch Hunde daraus, was auf eine bestimmte Handlung folgt. Ist das Ergebnis angenehm, wird der Hund es nach Möglichkeit nochmals tun. Ist es unangenehm, wird er die gleiche Handlung nur zögerlich wiederholen. Zurückweisung oder Tadel für Falschtun und Belohnung für gutes Verhalten müssen immer sofort erfolgen. Obgleich ein Hund sich über das ganze Leben an einige Dinge erinnert, wird Strafe nicht mit der Missetat verbunden, es sei denn, sie erfolgt gleichzeitig mit dem falschen Handeln. Experten unterstreichen, daß der zeitliche Abstand höchstens eine halbe Sekunde betragen darf, auf gar keinen Fall mehr als zwei Sekunden. Kommst Du nach Hause und der Hund liegt friedlich in seinem Korb, zusammen mit Deinen besten Schuhen, die ruiniert sind, kann der Hund Deinen Zorn in keiner Weise mit Deinen Schuhen in Verbindung bringen. Das einzige, was er merkt, ist, daß Du mit einer miserablen Laune nach Hause kommst. Daraus folgt, daß der Hund, wenn sich solche Vorfälle häufiger ereignen, beginnt, sich vor Deiner Rückkehr zu fürchten und Beruhigung seiner Nerven sucht, indem er noch etwas anderes ankaut. Niemals darfst Du es Dir erlauben, daß Deine Mißbilligung in fortgesetzte Nörgelei übergeht. Wie der Hund es versteht, hat er mit dem aufgehört, was Du ihm verboten hast. Und er kann in keiner Weise begreifen, warum Du noch immer herummaulst. Richtig ist, daß nach Abschluß eines Ereignisses die normale Beziehung zu Deinem Hund mit ein paar freundlichen Worten wiederhergestellt werden muß.

Es ist von entscheidender Wichtigkeit, daß der Tadel die sofortige Folge des Mißverhaltens ist, deshalb sind Probleme so schwer zu lösen, wenn sich der Hund zum

Zeitpunkt der Missetat außerhalb Deiner Reichweite befindet. Im allgemeinen kannst Du Dich dabei aber noch auf Deine Stimme verlassen. Außerdem - auf kurze Entfernung - kannst Du auch einen Gegenstand in Richtung des Hundes werfen, ohne ihn zu verletzen, was Dir die Aufmerksamkeit Deines Hundes zurückbringt. Ein solches harmloses Geschoß hat noch den weiteren Vorteil, daß es der Hund nicht mit Dir verbindet, vielmehr mit seinem Fehlverhalten, das er zu dem Zeitpunkt, als es heranflog, zeigte. Tatsächlich ist körperliche Züchtigung in der Erziehung in den seltensten Fällen wirksam, richtet mit großer Wahrscheinlichkeit mehr Schaden als Nutzen an.

Wie bereits zu Anfang dieses Kapitels aufgeführt, am Ende ist der Hund entweder furchtsam oder versucht, Widerstand zu leisten. Bei einem großen Hund wird ein Klatsch mit Deiner Hand von ihm wahrscheinlich als Spiel verstanden, der Hund wiederholt das Verbotene, hofft, daß das Spiel fortgesetzt wird. Lob und Belohnung sind bei der Hundeerziehung von viel größerer Wichtigkeit als Tadel. Wir gehen sogar soweit zu sagen, daß es Zeiten gibt, wo es besser ist, daß Missetaten ungestraft bleiben, gute Taten und Gehorsam auf Kommando dem Hund aber immer eine Art Vorteil bringen sollten, entweder durch freundliches Lob oder Streicheln, nach Möglichkeit durch beides. Das Loben sollte immer so überschwenglich sein, wie Du nur kannst. Es erfolgt entweder, wenn der Hund die Aufgabe gut ausgeführt hat oder während der Durchführung als Ermutigung. Der Hund hat gerade damit aufgehört, etwas zu tun, was er gerne wollte oder hat Dein Kommando ausgeführt. Das Mindeste, was er erwarten kann, ist, daß Du ihm zeigst, daß Dir diese Zusammenarbeit gefällt.

## VERSTÄNDLICHMACHEN VON KOMMANDOS

Wahrscheinlich wirst Du jetzt fragen, wie man eigentlich einen Hund lehrt, ein Kommando zu verstehen. Richtig, anfangs kann er den Sinn der Worte, die wir gebrauchen, überhaupt nicht verstehen. Wir haben bereits gesagt, Hunde lernen dadurch, daß auf eine bestimmte Handlung Angenehmes oder Unangenehmes folgt. Um dem Hund bestimmte Kommandos beizubringen, solltest Du das Kommando immer mit einem klaren Hinweis verbinden, was Du von ihm verlangst. So wird beispielsweise das Kommando "Sitz" von einem Druck der Hand nach unten auf den Rumpf des Hundes begleitet. Kommando und körperliche Verstärkung werden so lange wiederholt, bis der Hund es versteht oder zumindest einen ersten Schritt macht, der ein solches Verstehen anzeigt. In dem Augenblick, da dies erfolgt, mußt Du ihn tüchtig loben und belohnen. Diese Übung wird einige Male wiederholt, jedesmal wird der Hund nach erfolgreichem Abschluß tüchtig gelobt und belohnt.

Hat man mit einer Übung Erfolg gehabt, sollte man sie nicht zu häufig wiederholen, etwa als Demonstration gegenüber der ganzen Familie, wie clever Ihr Beiden seid. Ein- oder zweimal täglich ist völlig ausreichend, um die Übung im Gedächtnis des Hundes zu verankern. Wenn man das Gleiche ständig wiederholt, wird der Hund der Sache leicht überdrüssig. Es ist viel besser, jeden Tag einige wenige Minuten zur Hundeerziehung zu nutzen, als einmal wöchentlich eine große Ausbildungsstunde abzuhalten. Du solltest Dir zuvor über die Kommandos, die Du einsetzen möchtest, klar werden und bei jeder Übung immer wieder die selbe Wortwahl treffen. Beispielsweise gebrauchst Du das Kommando "Sitz", wenn Du von Deinem Hund verlangst, sich neben Dich zu setzen. Fängst Du nun plötzlich an, den Hund mit "Sitz-Platz" anzuweisen, verwirrst Du ihn völlig, insbesondere weil Du sonst die Kommandos "Sitz" und "Platz" als unterschiedliche Kommandos eingesetzt hast, also dabei Deinem

Hund unterschiedliche Handlungen anerzogen hast.

## HUNDENAMEN

Die erste Entscheidung, die Du treffen mußt, wenn Dein Hund bei Dir zu Hause ankommt, bezieht sich auf seinen Namen. Ohne Namen, den der Hund als seinen eigenen kennt, kommst Du mit der Ausbildung nicht weit. Der Hund kann nicht unterscheiden, ob Du Deine Ehefrau, Deine Kinder oder ihn meinst, wenn Du plötzlich "Sitz" rufst. Wahrscheinlich glaubst Du, daß wenn Dein Hund zuvor einen anderen Besitzer hatte, er auch schon seinen Namen kennt. Das muß aber nicht so sein. Es gibt Hunde, die überhaupt keinen Namen haben, das einzige Kommando, das sie je erreichte, war jeden Morgen ein Fußtritt in den Hintern, wenn man sie zur Tür hinausstieß, damit sie den Tag über durch die Straßen streunten. Wir trafen auch einmal auf einen Hund, der den einfallsreichen Namen "dog" trug. Hier kann durchaus eine Verbindung zu der Tatsache bestehen, daß sein Besitzer seine Lebensgefährtin auch als "woman" ansprach. Andere Namen wiederum, wie etwa "Rambo", "Killer" oder "Terminator" spiegeln ganz einfach Schwachsinn und Unfähigkeit des ersten Besitzers.

Trägt Dein Hund einen Namen, den Du ändern willst, solltest Du immer einen wählen, der dem ursprünglichen Klang ähnelt. So wird zum Beispiel aus "Rambo" ein "Sambo". Diesen Namen solltest Du bei jeder Möglichkeit benutzen, etwa, wenn Du den Hund zur Fütterungszeit zu Dir rufst oder wenn er einen Leckerbissen bekommt. Das Ziel ist immer, daß der Hund seinen Namen mit irgend etwas für ihn Angenehmen verbindet.

## GRUNDERZIEHUNG

Nachdem wir unseren Tierheimhund als Erstes mit seinem endgültigen Namen vertraut gemacht haben, wäre das erste wichtige Kommando, das es einzuführen gilt, "Nein!". In unserem Haushalt hat dieses Kommando die einfache Bedeutung: "Was immer Du auch gerade tust - aufhören!" "Nein!" ist ein außerordentlich nützliches Wort. Man kann es in Form eines harten Kommandos ausstoßen, es erfordert dann sofortigen Gehorsam - oder man spricht es langsam "Nein", als eine Art freundliches Verbot - wobei auf diese Art zu fühlen ist, daß das Verhalten des Hundes zwar keinen "Weltuntergang" auslöst, aber trotzdem unerwünscht ist. In der Regel sollte man das Kommando gemeinsam mit dem Namen des Hundes anwenden, immer dann, wenn er etwas unternimmt, was Du nicht willst!

Das zweite Kommando, das man eigentlich schon sehr früh im Leben des Hundes einführen sollte, findet man nur selten in Erziehungsanleitungen. Es ist das Kommando "Warten". Es ähnelt dem Kommando "Bleib", wobei letzteres den Hund an einer Stelle hält, bis er abgerufen wird. Hunde folgen ihrem Besitzer mit größter Begeisterung. Wo immer Du hingehst, kommen sie mit. Aus Sorge zurückgelassen zu werden, stoßen sie in dem Augenblick mit voller Kraft gegen die Tür, wenn Du versuchst, mit einem vollbeladenen Teetablett hindurchzugehen. In unserem Haushalt bedeutet "Warten": "Ich gehe durch diese Tür und Du nicht!" Das gleiche Kommando ist sehr nützlich, wenn Du Dein Auto verläßt, insbesondere auf einer verkehrsreichen Straße. Da das Öffnen einer Autotüre möglicherweise einen Spaziergang ankündigt, versucht der Hund oft, sich im gleichen Augenblick seinen Weg zu bahnen, wenn Du die Türe öffnest. Ein festes Kommando begleitet von einer zurückweisenden Hand zeigt ihm, was Du von ihm verlangst. Notfalls brauchst Du anfangs im Auto einen Helfer, der den Hund an der Leine festhält, während Du das Kommando erteilst. Es

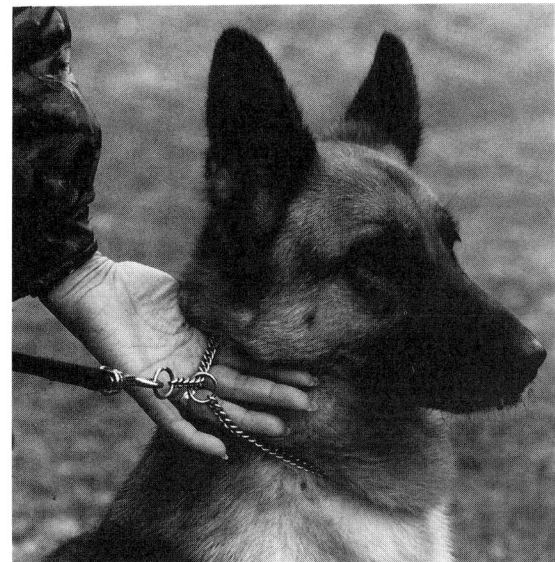

*Wenn Du als Erziehungs-
hilfe eine Würgekette ge-
brauchst, muß sie richtig
angelegt sein, so durch
den Ring laufen, daß sie
sich immer wieder auto-
matisch lockert.*

Foto: Steve Nash

gibt eine ganze Reihe von Erziehungsschritten, die Dein Tierheimhund verstehen lernen muß. Sie ermöglichen, das gemeinsame Leben ohne Konflikte und Gefahren zu führen. Sofortiger Gehorsam kann manchmal den Unterschied zwischen Leben und Tod bedeuten - nicht nur für Deinen Hund, sondern auch für andere Menschen, etwa, wenn er unkontrolliert durch eine Hauptverkehrsstraße läuft. Ein Hund, der seinen Platz in seiner Umwelt kennt, ist ein glücklicher Hund. Tut Dein Hund das, was Du ihm sagst, bist du ein glücklicher Hundebesitzer.

Wahrscheinlich ist es von hier an leichter, die nachstehenden Übungen mit dem angeleinten Hund zu erlernen, obgleich, solange Du in Deinem eingezäunten Garten arbeitest, auch einige ohne Leine geübt werden können. Nach und nach werdet ihr beide auch gut ohne Leine zurechtkommen. Aber denke daran, auf öffentlichen Straßen und Wegen sollte Dein Hund immer angeleint bleiben. Gibt es Probleme, brauchst Du möglicherweise zur Erziehung eine Würgekette, unsere Empfehlung lautet aber, mit völlig normalem Halsband und Leine zu beginnen. Alle nachstehenden Übungen sind von gleicher Bedeutung. Wir haben sie aber in eine Reihenfolge gebracht, wie sie im Unterricht sicherlich am praktischsten ist.

## FUSS

Eine wichtige Erziehungsaufgabe, bei der Dein Hund lernt, neben Dir zu gehen, ohne an der Leine zu ziehen, Dich zu überholen oder anderen Unfug zu treiben. Einiges an dieser Erziehung kann bei den täglichen Spaziergängen geübt werden. Am Anfang solltest Du aber, wenn möglich, immer im eigenen vertrauten Garten hinter dem Haus üben. Ein unerzogener Hund wird mit Sicherheit an der Leine ziehen, wenn er glaubt, es ginge zu einem seiner Lieblingsspaziergänge. Dagegen bietet ihm der Hausgarten normalerweise wenige Ablenkungen, denn es gibt nichts, wo er besonders gerne hingehen möchte. Halte Dir immer vor Augen, daß der Hund weiter an seinen Spaziergängen Freude haben soll. Sie bieten ihm eine Fülle neuer Gerüche und anderer Sinneswahrnehmungen. Dieses Vergnügen solltest Du eigentlich nicht verderben, indem Du ihn laufend kontrollierst. Es ist üblich, den Hund links neben sich gehen zu lassen, während man die Leine quer zum Körper in der rechten Hand hält. Viele gebrauchen die Leine auf diese Art, lassen sie dabei zuerst durch die linke Hand laufen. Dies ermöglicht zusätzliche Kontrolle.

Es gibt aber keinen Grund, den Hund nicht auch rechts zu führen, es sei denn, Du beteiligst Dich an Hundeausbildungsklassen, wo der Hund links vom Führer bleiben muß. Ziel ist immer, daß der Hund ruhig an Deiner Seite geht, ohne nach vorne zu ziehen oder sich selbst nachziehen zu lassen. Das Kommando lautet "Fuß!", wobei man zur Aufmerksamkeitssteigerung den Namen des Hundes ausspricht, dann mit dem Kommando vorwärts geht. Jeder Versuch des Hundes, nach vorne zu ziehen, wird durch einen Leinenruck und Kommandowiederholung korrigiert. Hängt Dein Hund hinten nach, sprich ihn an, ermuntere ihn in freundlichem Ton. Schnell erkennst Du, daß durch Klatschen mit der linken Hand am linken Bein Dein Hund ermuntert wird, mit seinem Kopf neben Deinem Knie zu bleiben. Hält die Hand einen Hundekuchen oder ein Stückchen Käse, ist dies ein zusätzlicher Reiz, in der richtigen Position zu bleiben.

Häufige Richtungsänderungen helfen, daß sich der Hund munter neben Dir bewegt und nicht vorwärts zieht. Dies ist einer der Gründe, warum man mit dieser Arbeit am besten im Garten beginnt. Plötzliche Richtungsänderungen auf einem belebten Fußgängerweg könnten ein Chaos auslösen. Die Leine wird immer durchhängend geführt, mit Ausnahme des kleinen Rucks als Warnung vor Ziehen. Hält man die Leine straff, veranlaßt das den Hund, dagegen zu ziehen. Auch wenn Du die Leine anspannst, um den Hund zu Dir zurückzuziehen, muß sie sich wieder lockern, sobald der Hund in korrekter Position läuft.

Das Kopfhalfter oder *Halti*, in Kapitel Drei erwähnt, könnte sich gut bewähren, wenn der Hund bei Spaziergängen zu heftig zieht. Langfristiges Ziel ist aber immer, den Hund dazu zu bringen, daß er ohne ständigen Kampf frei neben dem Fuß läuft. Das Nachfolgen bei Fuß ist eine der Gelegenheiten, wo eine Würgekette manchmal - gerade bei großen Hunden - hilfreich sein kann. Ihr Zusammenziehen verleiht dem Leinenruck, wenn der Hund vorwärts zieht, zusätzliche Beschränkungen. Keinesfalls darfst Du aber im Kettenwürger ein Hilfsmittel sehen, um Deinen Hund bei Ungehorsam zu strangulieren. Auch hier gilt wie bei der Leine der Grundsatz, immer locker! Beim Einsatz der Würgekette kann man diese dem Hund falsch oder richtig anlegen. Wenn der Hund auf Deiner linken Seite geht, sollte das Ende der Kette, an der man die Leine befestigt, hinten über den Hundehals verlaufen, dann unter der Kehle durch und wieder zurück zur Leine. Hierdurch lockert sich die Kette, sobald Du mit Ziehen aufhörst. Versuche es einfach einmal an Deinem Handgelenk, schnell erkennst Du, wie wir dies meinen.

### HIER

In unserer heute so verkehrsreichen Welt sollte der Hund auf öffentlichen Straßen und Plätzen immer angeleint sein. Dies gilt besonders, wenn andere Hunde, Menschen oder Verkehr im Umfeld sind. Damit möchten wir aber bestimmt nicht raten, dem Hund jede Gelegenheit zu einen ausgiebigen Galopp im offenen Feld zu verweigern. Ein tüchtiger Auslauf, frei von allen Beschränkungen, gehört im Leben eines jeden Hundes zu den größten Freuden. Der ideale Platz dafür ist natürlich ein leerer Park, ein einsamer Strand oder offenes Feld. Ehe Du aber Deinem Hund freien Auslauf gibst, mußt Du absolut sicher sein, daß er auf Dein Rufen hin sofort zu Dir zu-

*Beginn der Erziehung "Hier!" unter Einsatz der langen Leine.*

Foto: Steve Nash

*Achte immer darauf: Tüchtig loben, wenn Dein Hund zu Dir kommt.*

Foto: Steve Nash

rückkommt. Zunächst übt man das Kommando "Hier" mit dem Hund an langer Leine. Eine Ausziehleine (Kapitel 3) kann für diese Übung außerordentlich nützlich sein. Alternativ kannst Du die Erziehung auch in Deinem Garten durchführen. Dabei mußt Du aber berücksichtigen, daß es hier viel weniger Versuchungen und Ablenkungen gibt als später draußen, weg von zu Hause. Nur wenn Du hundertprozentig sicher bist, daß Dein Hund auf Kommando sofort zu Dir kommt, kannst Du es wagen, ihn in einem offenen Gebiet frei laufen zu lassen.

Erziehungsziel ist, daß der Hund - wo immer er gerade ist - direkt zu Dir zurückkommt. Für das Alltagsleben ist dies das entscheidende Kommando, gleich, ob Du den Hund in Deinem Garten oder weit draußen im freien Gelände zu Dir rufst. Im allgemeinen ruft man zunächst den Namen des Hundes, danach das Kommando "Hier!". Dabei setzt man jegliche Ermutigungen und bittende Gesten ein, um den Hund zu sich heranzurufen, der Erfolg wird durch einen Leckerbissen belohnt. Wenn Du beim Füttern das Wort "Leckerchen" gebrauchst, solltest du jetzt das gleiche Wort einsetzen, um den Hund zu Dir zu locken. Auch Neugier bewährt sich in der Hundeerziehung meist. Herumwedeln mit einem Stück Tuch oder Handschuh, Hin- und Herspringen, auch Sich-auf-den-Boden-kauern - all dies lockt Deinen Hund an, da er nur zu gerne wissen möchte, wozu dies alles dient. Möglicherweise schnüffelt der Hund fröhlich weiter, zeigt keinerlei Meinung, auf Dein Rufen zu reagieren. In solchen Fällen kann ein schnelles Verstecken hinter einem Busch oder einem Baum ihn zu der Stelle zurücklocken, an der er Dich zuletzt sah, aus Furcht, daß Du ohne ihn weitergegangen bist.

Unter gar keinen Umständen darf es bei dieser Übung irgend einen Druck oder gar Strafen des Hundes geben, wenn er zu Dir kommt, selbst wenn der Grund, warum er gerufen wurde, war, daß er etwas Unerwünschtes tat. Experten werden Dir erzählen, daß die Übung komplett erst endet, wenn der Hund gehorsam vor Dir sitzt. Das mag das Ziel sein, aber im Anfangsstadium solltest Du dankbar sein, daß der Hund überhaupt folgt. Die Feinheiten können später immer noch geübt werden. Einige große Hunde werden beim Rufen manchmal etwas übermütig. Vielleicht stehst Du auf einmal einem Gewicht von 40 kg Hund gegenüber, die sich Dir entgegenstürzen. So schmerzhaft dies auch sein mag, versuche immer, solche Begeisterung nur ganz vorsichtig einzudämmen, keinesfalls darfst Du Dich ärgerlich zeigen. Wenn Dein Hund glücklich ist, zu Dir zu kommen, solltest Du Dich trotz Schmerzen auch glücklich fühlen. Du solltest aufpassen, daß Hunde am Ende eines freien Spaziergangs das Rufen nicht mit Angeleintwerden verbinden und dadurch nur zögerlich kommen. Um eine solche Verknüpfung zu vermeiden, ruft man während des Spaziergangs den Hund in verschiedenen Abständen mehrfach zu sich und läßt ihn dann wieder frei laufen.

## SITZ

Sitz bedeutet genau das, was der Name besagt. Der Hund setzt sich sofort, wenn das Kommando ertönt, wo immer er gerade läuft oder steht. Diese Übung ist für die Kontrolle des Hundes besonders wichtig, beispielsweise, wenn Ihr beide darauf wartet, gemeinsam die Straße zu überqueren, oder - warum auch immer - ein Stop geboten ist. Für einen Hund ist Sitzen keine bequeme Stellung, deshalb sollte man auch nicht darauf bestehen, daß er über längere Zeiten in der Stellung "Sitz" verharren muß.

Zum Erlernen der Übung gebraucht man das Kommando "Sitz", drückt gleichzeitig mit der Hand den Hund am Widerrist nach unten. Achte immer darauf, daß der

*Kommando "Sitz!" Zur Verstärkung des Kommandos verwendet man als Sichtzeichen die hier gezeigte Stellung der Handfläche nach unten.*

Foto:
Wood Green
Animal Shelters

Hund tatsächlich sitzt, nicht nur eine hockende Stellung einnimmt. Einige Hunde reagieren auf Druck am Widerrist mit Gegendruck. In einem solchen Fall kann man gegen die Sprunggelenke drücken. Dies veranlaßt den Hund, den Gegendruck aufzugeben und die gewünschte Position einzunehmen.

## PLATZ

Mit diesem Kommando bringt man den Hund in liegende Stellung, besonders bei Anlässen, wenn man ihn an gleicher Stelle für etwas längere Zeit zurücklassen möchte. Das Kommando "Platz" wird von einer Abwärtsbewegung der Hand begleitet, eventuell auch von Druck nach unten hinter den Schultern. Anfangs kannst Du auch versuchen, den Hund zur Seite zu rollen, bis er versteht, was Du von ihm verlangst. Aus der Sicht des Hundes ist die Position "Platz" eine Haltung der Unterwerfung, möglicherweise wehrt sich der Hund dagegen, bis er Dich als Rudelführer anerkannt hat. Keinesfalls darfst Du Deinen Hund verwirren, indem Du das Kommando auch bei anderen Gelegenheiten gebrauchst, etwa wenn Du von ihm möchtest, daß er Dich nicht anspringt. Das korrekte Kommando beim Anspringen lautet "Nein!".

## BLEIB

Diese Übung steht meist in Zusammenhang mit "Sitz" oder "Platz" und befiehlt

*"Platz!". Immer wird das Kommando gleichzeitig mit Handzeichen nach unten erteilt.*
Foto: Wood Green Animal Shelters

dem Hund, in gleicher Stellung am gleichen Ort zu bleiben. Die ersten Übungen erfolgen meist angeleint. Ziel ist, daß der Hund in gleicher Stellung da bleibt, während Du Dich von ihm fortbewegst, zuweilen auch außer Sicht gehst. Befindet sich Dein Hund in der Stellung "Sitz" oder "Platz", folgt das Kommando "Bleib". Gleichzeitig hält man ihm die Handfläche entgegen, Finger nach oben. Dann geht man Schritt für Schritt rückwärts, wiederholt mehrfach das Kommando. Anfänglich geht man nur ein oder zwei Schritte zurück, vergrößert nach und nach den Abstand. Dies ist ausnahmsweise eine Übung, der keinesfalls sofortiges Lob und Belohnung folgen darf. Du mußt abwarten, bis der Hund in der Position "Bleib" über die erforderliche Zeit ausharrt, dann erst zum Hund zurückkehren. Warte jetzt ein oder zwei Augenblicke, dann erst wird er freigelassen und tüchtig gelobt. Vorzeitiges Loben führt immer dazu, daß der Hund aus der Position "Bleib" ausbricht. Die Dauer der Übungen wird nur sehr langsam Schritt für Schritt verlängert. Achte besonders darauf, muß ein Hund für zu lange Zeit an gleicher Stelle bleiben, wird er, wenn er nicht schon erfahren ist, der Übung rasch überdrüssig.

## PROBLEME

Nahezu unvermeidlich werden im Laufe der Ausbildung immer einige Probleme auftreten. Meist lassen sie sich mit viel Geduld und gründlichem Durchdenken der Problemstellung lösen. Heute hat Penny, die Joss, eine Border Collie/Neufundländer-Kreuzung aus Wood Green, mit nach Hause nahm, einen Hund, der Unterordnungswettbewerbe und Arbeitsprüfungen gewinnt. Als sie diesen Rüden bekam, wurde er von den Vorbesitzern als völlig wild und unkontrollierbar abgegeben. Tatsächlich war er ein großer, aber äußerst liebenswerter Clown. Penny brauchte sechs Monate Geduld und harte Arbeit, um Joss das Apportieren beizubringen. Sein die meisten Probleme bereitender Trick war, daß er im gleichen Moment, wenn er abgeleint

*"Bleib!" Langsam bewegt man sich rückwärts vom Hund weg, wiederholt das Kommando, hält dem Hund die Handfläche mit aufwärts gerichteten Fingern entgegen.*

Foto: Wood Green Animal Shelters

wurde, in voller Fahrt von dannen zog. Das Klicken des Hundekarabiners schien seinen Drang loszustürmen auszulösen. Die Lösung bestand darin, ihm zwei Leinen anzulegen. Dadurch wurde sein Galopp in die Freiheit nach Lösen der ersten Leine in kurzer Zeit durch die zweite Leine gebremst.

## TRENNUNGSANGST

Die populärste Diagnose der meisten Hundeverhaltensforscher ist die "Trennungsangst". Hiermit wird zum Ausdruck gebracht, daß Dein Hund Dich in einem solchen Umfang liebt und auf Dich angewiesen ist, daß er eine Trennung einfach nicht ertragen kann. Trennung wird als Ursache für Bellen und Heulen, zerstörerisches Ankauen von Möbeln und Kotabsetzen im Haus angesehen. Über diese Definition wollen wir nicht streiten. Aber die Lösungsvorschläge, welche die Verhaltensforscher bieten, sehen vor, viel der Liebe, die der Hund Dir entgegenbringen möchte, zurückzuweisen. Außerdem soll der Hundehalter auch seine eigene Liebesbezeugung dem Hund gegenüber reduzieren. Wir möchten aber diese Vorschläge so weit wie möglich einschränken.

Ziel ist es, den Hund davon zu überzeugen, daß jede Trennung immer nur auf Zeit erfolgt, daß Du bald wiederkommst. Am besten versetzt man sich selbst einmal in die Lage des Hundes. Stelle Dir vor, wie er sich fühlen mag, nachdem er jetzt einen Menschen gefunden hat, auf den er sich verläßt, der ihn aus seinem früheren elenden Leben befreit hat - und nun plötzlich verschwindet. Der Hund gerät in Panik, ist davon überzeugt, daß Du ihn für immer verlassen hast. Er schnüffelt durch das ganze Zimmer, um herauszufinden, wohin Du gegangen bist, versucht Dir nachzufolgen. Wenn dies nicht möglich ist, stößt er auf etwas, das Deinen Geruch trägt, nagt daran, um seine Nerven zu beruhigen. Du magst jetzt denken, daß der Hund einen Dir lieben Gegenstand zerstört, während er das Spielzeug ignoriert, daß Du ihm eigens gekauft hast, also sich Dir gegenüber überhaupt nicht dankbar zeigt. Tatsächlich aber zerkaut er Deine Schuhe oder Strümpfe, weil sie Deinen Geruch tragen, es vermittelt ihm während Deiner Abwesenheit etwas Trost. Die erste klare Aussage lautet, daß die Trennung nur kurze Zeit dauern darf. Zunächst darfst Du Deinen Hund nur auf wenige Minuten allein lassen, wobei, wenn der Hund erst mehr Vertrauen hat und versteht, daß Du zurückkehrst, die Zeit nach und nach verlängert werden kann. Die Gesamtzeit kann länger sein, wenn der Hund Zugang zum Garten oder zu einem Auslauf hat, nicht in einen einzelnen Raum eingesperrt ist. Nach unserer Meinung jedoch sind drei bis vier Stunden die längste Zeit, die Du Deinen Hund alleine lassen darfst.

Als Alternative bietet sich ein Ersatz für Dich selbst an. Mit anderen Worten - Du mußt einen *Hundesitter* einsetzen. Dies kann durchaus ein Mitglied Deiner Familie oder ein hilfsbereiter Nachbar sein. Häufig reicht ein fünfminütiger Besuch von jemandem, den der Hund kennt, im Abstand von jeweils einigen Stunden aus, um ihm die Gewißheit zu geben, daß er nicht völlig vergessen ist. Um den Glauben Deines Hundes, daß es Dich noch immer gibt, zu stärken, solltest Du ihm gezielt etwas zurücklassen, beispielsweise ein altes Kleidungsstück, das Du gerade getragen hast. Direkt vor dem Weggehen solltest Du es ausziehen, auf seinen Schlafplatz oder auf den Boden legen, wo der Hund am liebsten liegt. Achte bei der Auswahl des Gegenstandes darauf, daß ihn der Hund möglicherweise in kleine Stücke zerkaut. Vielleicht gibt es Grenzen hinsichtlich der Anzahl alter Kleider, die Du auf diese Art abschreiben kannst. Alternativ magst Du einige der Hundespielzeuge, die der Hund ankauen kann, in einen Korb mit Schmutzwäsche stecken, das Spielzeug dann direkt vor dem Weggehen dem Hund zurücklassen. All dies mag etwas extrem klingen, denke aber daran, daß Dein Körpergeruch für den Hund das köstlichste Parfüm ist. Weiterhin solltest Du im Haus eine Normalatmosphäre schaffen, etwa das Radio spielen lassen. Ist es bereits dunkel oder wird es in Kürze dunkel, mußt Du ihm bis zu Deiner Rückkehr Licht brennen lassen.

Das Verhalten Deines Hundes wird durch die Art, wie Du ihn verläßt, beeinflußt werden. Manche führen vor dem Weggehen ein langes und erklärendes Gespräch mit dem Hund, erzählen dem Hund, daß "Daddy" und "Mummy" ihn nur kurze Zeit zurücklassen, daß ihr kleiner Liebling das Haus bewachen muß. Dies alles bewirkt nur, daß sich der Hund aufregt. Gerade, ehe Du das Haus verläßt, hast Du nämlich sein Interesse mit diesem Kindergeschwätz erregt und läßt ihn dann alleine. Wenn Du andererseits versuchst, Dich ruhig davonzustehlen, wenn der Hund gerade nicht aufpaßt, könnte er in Panik geraten, wenn er feststellt, daß Du nicht mehr da bist. Das Beste ist es immer, ihm ruhig und ohne viele Gefühle zu sagen: "Tschüß, auf bald!" und dann wegzugehen. Dabei vermeidet man jeden Augenkontakt. Dadurch wird der Hund weniger erregt und Du ersparst Dir, Dich seinem vorwurfsvollen Blick auszusetzen.

Bei Deiner Rückkehr wird Dein Hund nur zu begeistert sein. Teile seine Freude, lasse ihn dabei aber nicht aus Entzücken völlig hysterisch werden. Beruhige ihn mit ein paar liebevollen Worten und streichle ihn. Nach der Beruhigung solltest Du ihm einige Zeit mit Spielen und Mit-ihm-Sprechen widmen. Bestimmt ist Dein Hund über Deine Rückkehr begeistert, Du aber möglicherweise weniger, wenn die Einrichtung während Deiner Abwesenheit Schaden genommen hat. Ist dies der Fall, hat es überhaupt keinen Sinn, den Hund zu strafen. Erinnere Dich, was wir bereits über Strafen ausgeführt haben, die nicht innerhalb von zwei Sekunden nach der falschen Handlung erfolgen. Sie nützen überhaupt nichts! Keinesfalls wirst Du das Problem lösen, wenn der Hund erkennt, daß Du - wann immer Du nach Hause kommst - übelgelaunt bist. Unterdrücke Deinen Zorn, bringe die Dinge in Ordnung und hoffe auf mehr Erfolg in der Zukunft.

## ÜBERTRIEBENES KLÄFFEN

Ein alleingelassener Hund, der bellt, bringt auf andere Art seine Trennungsangst zum Ausdruck. Vielleicht erkennst Du das Problem erst, wenn Dein Nachbar sich beschwert. Nachbarn könnten Dir möglicherweise helfen, wenn der Hund zu kläffen beginnt. Fängt der Hund direkt nach Deinem Weggehen an zu bellen, so mußt Du versuchen, heimlich zurückzukehren und ihn wegen des Kläffens ernsthaft ausschimpfen. Auf frischer Tat kannst Du Dich dabei wirklich sehr ärgerlich zeigen. Würdest Du ihm beim Zurückkommen freundlich zureden, könnte er daraus schließen, daß Kläffen eine vorzügliche Idee war. Wenn Du mit Deinem Hund vor dem Weggehen einen größeren Spaziergang machst, ermüdet ihn dies, und es bleibt die Hoffnung, daß er lieber schläft als zu bellen. Denke auch daran, daß hungrige Hunde oft besonders ruhelos sind!

## STUBENREINHEIT

Das Versagen in der Stubenreinheit ist häufig eine Folge von Streß durch Alleingelassensein. Der Hund weiß durchaus, daß er es nicht machen soll, aber er kann nichts dagegen tun. Die Antwort lautet, den Streß zu mindern, wie gerade zuvor beschrieben.

Einige Hunde aus dem Tierheim sind nie zur Stubenreinheit erzogen worden, andere wiederum wurden nur ungenügend erzogen. In solchen Fällen mußt Du Deinem Hund beibringen, welches Verhalten Du besonders schätzt. Wieder mußt Du deutlich Deine Mißbilligung zeigen, wenn der Hund sich an der falschen Stelle löst, Entzücken, wenn es der richtige Platz ist. Wahrscheinlich finden Deine Nachbarn es etwas seltsam, wenn Du Deinen Hund voller Begeisterung lobst, wenn er mitten auf den Rasen pinkelt - aber was kümmert es Deine Nachbarn, wenn er sich alternativ mitten auf dem Wohnzimmerteppich löst. Versuche nie durch die altmodische Art "Nase hineintunken" dem Hund seinen Irrtum klarzumachen. Dies ist tierquälerisch, schmutzig, und der Hund kann es überhaupt nicht verstehen. Du solltest Deinen Tagesablauf unbedingt so einrichten, daß der Hund zum Lösen nach draußen geführt wird, als allererstes am Morgen, in regelmäßigen Abständen den Tag über, nach jeder Mahlzeit und als letztes am Abend.

## AGGRESSION

Es gibt zwei Aggressionsarten, die gerade bei einem Tierheimhund auftreten können, Aggression gegenüber anderen Hunden und Aggression gegen Menschen, Dich eingeschlossen. In beiden Fällen ist das erste Gesetz, Konfrontationen zu meiden. Weißt Du beispielsweise, daß ein großer Köter am Ende der Straße sich liebend gerne in einen Kampf stürzt, dann vermeide mit Deinem Hund, an dieser Gartentüre vorbeizugehen. Ein nicht provozierter Angriff auf einen gut erzogenen Hund kann diesen dazu bringen, bei nächster Gelegenheit selbst der Erste zu sein. Aggressionen gegenüber anderen Hunden, die Du auf einem Spaziergang triffst, sollten genauso wie alles andere kuriert werden, tüchtig loben für erwünschtes Verhalten und Tadel für schlechtes Benehmen.

## DIE ZWEITE CHANCE

Lebt innerhalb der Familie noch ein zweiter Hund, kann es zu Streitereien kommen. Haben sich die Hunde erst aneinander gewöhnt, geht der Streit meist um Spielzeug oder Futter. Das Problem läßt sich nicht dadurch lösen, daß Du zweimal Spielzeug oder zwei Hundekuchen anbietest. Der dominante Hund wird nur alles für sich in Anspruch nehmen, dem unterlegenen Hund seinen Anteil verwehren. Bei zwei oder mehreren Hunden kann nur das System des Rudelführers siegen, andernfalls kommt es zu laufenden Streitereien. Die Hunde werden untereinander ihre Rangordnung austragen, Du aber solltest ihnen klarmachen, daß Du der absolute Boß bist. Das bedeutet, daß Fütterung und Spiel nur unter Deiner Überwachung erfolgen. Möchtest Du gerne zwei Hunde haben, machst Du Dir das Leben dadurch leichter, daß Du einen zweiten Hund wählst, der sich entweder aufgrund seines Geschlechtes oder seiner Veranlagung nach unterwürfig zeigt. Ein Junghund wird sich durchaus bereitwillig in die natürliche Ordnung der Dinge einfügen. Einige Hunde - insbesondere größere Rüden - werden versuchen, Dich als Rudelführer herauszufordern. Unterordnungsübungen, durch die Dein Hund gelernt hat zu gehorchen, helfen als Ablenkung bei der Problemlösung. Meist dauert es aber einige Zeit. Auch hier sollte man Konfrontation vermeiden, keine Kraftproben erzwingen. Das Raufen mit einem großen Hund - Seilziehen spielen - macht natürlich viel Spaß. Wenn Du aber aufhörst, hat der Hund den Eindruck, gewonnen zu haben. Beende also das Spiel immer mit einem Kommando! Wenn Du einen Hund auszankst, solltest Du ihn nicht in eine Ecke treiben, so daß er keine Möglichkeit zum weiteren Rückzug hat. In dieser Position könnte der Hund zum Gegenangriff antreten. Wenn Dein Hund Dich herausfordert, ist es das Beste, ihn zu ignorieren. Gehe ruhig weiter, rufe den Hund freundlich und benehme Dich, als sei nichts geschehen. Das ist kein feiger Rückzug, wenn es auch so scheint. Du hast vielmehr eine Auseinandersetzung vermieden, die keiner von Euch gewinnen kann, vielmehr den gegenseitigen Respekt erhalten - eine wichtige Voraussetzung für die weitere Partnerschaft.

Zu Auseinandersetzungen zwischen Dir und Deinem Hund kann es kommen, wenn Du ihm etwas wegnehmen willst oder mußt. Möglicherweise geht es darum, Deinen Schuh zu retten oder Du möchtest seine Futterschüssel hochnehmen. Natürlich solltest Du dies immer tun können, Du mußt es dem Hund freundlich, aber fest ankündigen. Natürlich darfst Du nicht zittern! Ebensowenig solltest Du Dich plötzlich ohne Vorankündigung auf den Gegenstand stürzen, um ihn wegzunehmen. Nenne den Hund bei seinem Namen, um ihn vom Gegenstand abzulenken. Erkläre ihm fest, daß Du seinen Gegenstand haben möchtest. Am besten bietest Du ihm eine Alternative in Form eines Hundekuchens oder eines anderen Spielzeugs.

Dein Hund wird zur Verteidigung von Dir und Deinem Haushalt Fremde anbellen, vielleicht auch beißen, wenn er den Eindruck hat, daß sie Dich angreifen. Dies ist aber alles, was Du von einem normalen Haushund erwarten kannst. Keinesfalls solltest Du Aggressionen Deines Hundes in der Hoffnung unterstützen, daß er dadurch zum Schutzhund wird. Jeder Versuch, den Hund aufmerksam zu machen und sein natürliches Aggressionsverhalten zu steigern, wird nahezu mit Sicherheit zu Problemen führen, wenn er seine Verteidigungsfähigkeit gegenüber der falschen Person oder bei falscher Gelegenheit einsetzt. Erziehung und Kontrolle von Schutzhunden und Schutzhundeausbildung sind ein sehr schwieriges und verantwortungsvolles Geschäft, es sollte nie von unqualifizierten Personen versucht werden. Noch schlimmer wäre es, wenn Du Deinen Hund von einem der vielen Hundeausbilder, die diese Art Service bieten, scharfmachen ließest. Mit Sicherheit hast Du dann am Ende einen Hund, mit dem Du nicht fertig wirst, der für Deine Familie oder die Umwelt gefährlich werden kann und sich nicht mehr richtig einfügt.

## HUNDESCHULEN

Es gibt im ganzen Land eine große Anzahl von Hundevereinen und Hundeschulen. Bestimmt befindet sich auch eine in Deiner Gegend. Die Qualität dieser Schulen ist außerordentlich unterschiedlich. Am besten fragt man immer andere Hundebesitzer, wen sie empfehlen können. Einige der Ausbilder an solchen Schulen sind von der veralteten Schule, die wir bereits zu Anfang dieses Kapitels beschrieben haben. Nur zu gerne werden sie Dir zeigen, wie man gutes Verhalten in Deinen geretteten und möglicherweise seelisch gestörten Hund prügelt. Meide diesen Ausbildertyp wie die Pest und weigere Dich immer, der Aufforderung des Ausbilders: "Gib mir Deinen Hund und ich zeige Dir, wie man so etwas macht!" nachzukommen. Bitte den Ausbilder deutlich zu erklären, was gefordert wird, und mache es dann selbst.

Gute örtliche Hundeplätze können Dir Hilfe bei Problemlösungen bieten. Man trifft auch interessante Hundebesitzer. Eine wöchentliche Ausbildungsstunde ist kein Ersatz für täglich regelmäßige, kleine Erziehungsabschnitte. Du gewinnst aber die Möglichkeit, eigene Fortschritte zu kontrollieren und interessante Hinweise zu bekommen, wie Du im nächsten Ausbildungsstadium am besten vorwärtskommst. Derartige Hundeplätze gewährleisten, daß Du zumindest einmal wöchentlich etwas mit Deinem Hund arbeitest, falls der Druck Deines Alltags Dir zu häufig Ausreden liefert, die täglichen Ausbildungszeiten mit Deinem Hund zu vernachlässigen.

In Hundevereinen und Hundeschulen gibt es natürlich auch Gelegenheit, fortgeschrittene Ausbildungen, beispielsweise für Unterordnungswettbewerbe, Schutzhundeprüfungen und Agility durchzuführen. Durch gemeinsame Arbeit erreicht man in solchen Wettbewerben Ziele, die für Dich und Deinen Hund recht befriedigend sein können. Gerade Tierheimhunde mit ihrer wachen Intelligenz haben sich recht gut bewährt. Natürlich mußt Du selbst entscheiden, welche Art von Wettbewerben Du mit Deinem Hund durchführen willst. Unser Rat wäre aber, daß Agility wahrscheinlich die beste Aufgabe ist, um damit zu beginnen. Es macht Führer wie Hund viel Spaß, bringt beiden Bewegung, erhebt nicht den Anspruch auf absolute Perfektion, die man für einen Sieg bei Unterordnungsprüfungen und Schutzhundeprüfungen braucht.

## LITERATURHINWEISE
Wesentliche Ergänzungen und interessante Ratschläge für eine erfolgreiche Hundeerziehung geben nachstehende Bücher aus dem KYNOS-VERLAG:
Heinz Gail, 1x1 der Hundeerziehung
Ruth Hobday, Agility...macht Spaß!
Myrna M. Milani, Die unsichtbare Leine
Dr. Roger Mugford, Hundeerziehung 2000, Irrtumsfreies Lernen
Dr. Roger Mugford, Hunde auf der Couch, Verhaltenstherapie bei Hunden
John Rogerson, Hundeerziehung...tierisch gut
Richard A. Wolters, Neue Wege der Jagdhundeausbildung
Erhältlich im Buchhandel, Zoofachhandel oder direkt vom Verlag.

## Kapitel 6
# *Gesundheitsvorsorge*

Es gibt eine große Anzahl von Büchern über Erkrankungen, die einen Hund befallen können. Hoffentlich werden nur wenige Krankheiten, wenn überhaupt, bei Deinem Hund auftreten. Unsere Erfahrung besagt, daß das exzessive Studium möglicher Hundeerkrankungen zu einer Art Hypochondrie bei den Besitzern führt und gleichzeitig überhöhte und unnötige Tierarztrechnungen zur Folge hat. Gesunder Menschenverstand und richtige Pflege lösen die meisten Probleme. Die Hauptanstrengungen sollest Du immer darauf richten, den Ausbruch einer Krankheit zu vermeiden. Gelingt dies nicht, hat der Tierarzt das notwendige Wissen, um Dich über die beste Behandlung richtig zu beraten. In diesem Kapitel befassen wir uns vorwiegend mit allgemeinen Erkrankungen und ihren Problemen, der Diagnose, den ersten Gegenmaßnahmen, die Du bei ihrem Auftreten einleiten solltest.

Vorausgesetzt, Du hast Deinen Hund von einem Hilfswerk eines Rassezuchtvereines oder einem angesehenen Tierschutzverein bekommen, müßten vor der Abgabe alle größeren Gesundheitsprobleme aus der Vergangenheit, einschließlich Schäden aus schlechter Behandlung oder Vernachlässigung, bereits behandelt, hoffentlich ausgeheilt sein, ehe Dir der Hund übergeben wird. Sind Schäden zurückgeblieben, solltest Du vom Tierheim alle nötigen Informationen erhalten, was noch zu tun ist.

## DER RICHTIGE TIERARZT

Mit der Übernahme des Hundes steht seine Gesundheit in Deiner Verantwortung, die richtige Hilfe findest Du immer beim guten Tierarzt. Natürlich wäre es das Beste, Du brauchtest den Tierarzt nur für Routine-Wiederholungsimpfungen, aber nahezu mit Sicherheit kommt auch einmal der Zeitpunkt, daß Du tierärztlichen Rat, Dein Hund tierärztliche Behandlung braucht. Solche Geschehnisse treten zuweilen recht kurzfristig auf. Brauchst Du dann sofort einen Tierarzt, wäre es nützlich, wenn Du bereits einmal Kontakt zu einer Tierarztpraxis aufgenommen hättest, Adresse und Telefonnummer zur Hand wären.

Deine Freunde und Nachbarn können Dir möglicherweise raten, wo in Deiner Gegend ein Tierarzt wohnt, mit dem sie selbst sehr zufrieden sind. Die große Mehrheit der Tierärzte betreibt heute eine "Kleintierpraxis", die genau die Tiere behandelt wie ihr Name sagt. Das verbreitetste Kleintier in solchen Praxen ist aller Wahrscheinlichkeit nach der Hund, obwohl Katzen bestimmt dicht dahinter folgen. Derartige Kleintierpraktiker haben meist sehr gute Kenntnisse über Hundeerkrankungen, können auch zur Erhaltung der Gesundheit Deines Tieres außerordentlich viel beitragen. Andererseits ist die Behandlung von Hunden wahrscheinlich ihre Haupteinnahmequelle. Es ist daher für beide Seiten von wechselseitigem Vorteil - nicht zuletzt der Vorteil Deines Hundes - wenn eine gute Beziehung zwischen Euch Dreien besteht.

## DER ERSTE TIERARZTBESUCH

Rufe Deinen Tierarzt an, sage ihm, daß Du einen Hund aus dem Tierheim gekauft hast. Erzähle ihm die Vorgeschichte, Einzelheiten über die Rasse, Rassehund oder Mischling, wie groß er ist, wie alt und so weiter. Der erste Besuch beim Tierarzt könnte problematisch verlaufen. Halte Dir vor Augen, daß Dein Hund noch nicht an Dich gewöhnt ist und noch kein Vertrauen hat, daß alles zu seinem Besten geschieht.

Vielleicht beunruhigt es den Hund auch, in ein fremdes Umfeld gebracht zu werden, sich von einem Menschen in weißem Kittel untersuchen zu lassen, der ihm möglicherweise auch noch Nadeln in den Körper sticht. Ebenso wenig glücklich wird natürlich der Tierarzt sein, wenn ihn sein neuer Patient beißt. Der erste Besuch ist daher genau der Zeitpunkt, um Sympathie und Verständnis zwischen Euch beiden und Eurem Tierarzt zu wecken. Gleichgültigkeit wirkt dabei kontraproduktiv, schafft für die Zukunft nur weitere Probleme. Teilt der Tierarzt Deine Meinung, hier recht vorsichtig vorzugehen nicht, hast du den falschen Arzt gewählt.

Achte darauf, daß Dein Hund mit kräftigem Halsband und Leine gesichert ist. Wenn Dein Hund, der Dich noch kaum selbst näher kennt, im Warte- oder Sprechzimmer ausbricht, machst Du Dich meist sehr unbeliebt. Noch ein abschließender Rat für den Tierarztbesuch: Bei uns besteht die feste Regel, daß wir bei allen solchen Besuchen und Behandlungen immer bei unserem Hund bleiben. Wir können dann mit unserem Hund reden, ihn beruhigen, und wenn jemand gebissen wird, ist es immer der Besitzer, nicht der Tierarzt. Tatsächlich sind wir nie gebissen worden, genauso wenig unser Tierarzt.

Wenn Du mit einem Problem zum Tierarzt kommst, lautet die erste Frage immer: "Wie lange leidet der Hund schon an dieser Krankheit?" Vielleicht empfindest Du dies als eine Kritik, daß Du den Hund nicht schon früher gebracht hast. Selbst wenn Du Dich dabei schuldig fühlen solltest, weil Du den Besuch zu lange aufgeschoben hast, mußt Du diese Frage immer wahrheitsgemäß beantworten. Es gehört zu den Voraussetzungen einer Diagnose, daß der Tierarzt genau weiß, ob eine Krankheit bereits seit Stunden, Tagen oder gar Wochen besteht.

## SCHUTZIMPFUNG

Die meisten großen Tierschutzvereine haben es sich zum Grundsatz gemacht, bei allen ankommenden Hunden automatisch eine Grundimpfung gegen bestimmte Krankheiten durchzuführen. Ist dies nicht der Fall, wird kurzfristig Dein erster Besuch beim Tierarzt mit dem neu erworbenen Hund notwendig, um diese wichtigen Impfungen nachzuholen. Schutzimpfungen gibt es gegen eine Vielzahl von Erkrankungen, die in der Vergangenheit, ehe es die schützenden Vakzime gab, den Tod vieler Hunde verursachten. Diese Vakzime produzieren Antikörper gegen eine bestimmte Erkrankung. Kommt der Hund dann mit der Krankheit in Kontakt, wirken diese Antikörper gegen Bakterien oder Viren, verhindern, daß eine Infektion erfolgt. Es gibt aber auch Fälle, in denen die Schutzimpfung nicht vor Ansteckung schützt, aber glücklicherweise sind bei den heutigen modernen Vakzimen diese Fälle außerordentlich selten.

Die Wirksamkeit der Schutzimpfungen läßt nach einiger Zeit nach. Deshalb braucht Dein Hund in regelmäßigen Abständen Wiederholungsimpfungen. Der genaue Zeitpunkt der Wiederholungsimpfung wird vom Tierarzt bestimmt. Wahr ist natürlich, daß viele Hunde, insbesondere jene, die schon von Jugend an alleine durch die Straßen streunten, eine natürliche Immunität gegen viele Erkrankungen entwickelt haben. Eine solche natürliche Immunität kann die Wirksamkeit der Vakzime beeinträchtigen. Ist dies der Fall, besitzt der Hund wahrscheinlich eine gewisse Immunität, trotzdem solltest Du Dich nicht darauf verlassen, daß diese ausreicht, um Deinen Hund zuverlässig zu schützen.

Die wichtigsten Erkrankungen, gegen die normalerweise geimpft wird, sind Staupe, Hepatitis, Leptospirose und Parvovirose. Geimpft werden kann bereits ab einem Alter von sechs Wochen. Zumindest eine Impfung muß aber nach zwölf Wochen erfolgen, da die von der Mutter übernommenen Antikörper die Vakzime vor diesem Alter neutralisieren könnten. Wahrscheinlich hast Du einen Impfpaß für Deinen Hund bekommen. Wenn ja, solltest Du diesen dem Tierarzt vorlegen. Er wird Dir über die Neuimpfungen jedenfalls eine Impfbestätigung ausfertigen, die Du unbedingt sorgfältig für künftige Fälle aufbewahren mußt. Insbesondere, wenn Du den Hund einmal in eine Tierpension geben möchtest, brauchst Du mit Sicherheit einen Impfpaß. Mit einer solchen Maßnahme schützt die Tierpension sowohl Deinen Hund wie alle anderen Gäste. Möglicherweise empfiehlt Dein Tierarzt auch weitere Impfungen. Zum Beispiel ist eine Impfung gegen den sogenannten Zwingerhusten möglich. Dieser wird meist von einer Anzahl verschiedener Organismen ausgelöst, die Impfung kann diese nicht alle ausschalten. Viele Tierpensionen verlangen diese Impfung, am besten bespricht man dies mit dem Tierarzt. Auf dem Kontinent ist es zwingend erforderlich, den ursprünglichen Impfschutz mit jährlicher Wiederholungsimpfung auch gegen Tollwut aufrechtzuerhalten. Dies ist auch wichtig für alle Reisen ins Ausland und für Besuche von Hundeausstellungen und öffentlichen Veranstaltungen.

## DURCHFALL

Die beiden häufigsten Ursachen für Durchfall sind Futter und Streß. Eine dieser Ursachen, sogar beide, können auftreten, wenn Dein Hund erstmals in Deine Familie kommt. Die häufigste Ursache für Durchfall sind Verdauungsstörungen. Der flüssige Stuhlgang wird wahrscheinlich aufhören, wenn das auslösende Futter abgesetzt wird Für die Behandlung solltest Du Deinen Hund zwölf bis vierundzwanzig Stunden fasten lassen, so daß sich sein Darm beruhigen kann. Über diesen Zeitraum muß dem Hund immer frisches Wasser zugänglich sein. Durchfall entwässert den Hund, ihn nicht trinken zu lassen, löst das Problem nicht. Wenn Du meinst, daß die Erkrankung wahrscheinlich durch Streß ausgelöst wurde, dann solltest Du nicht nur das Futter sperren, sondern versuchen, eine möglichst ruhige Atmosphäre zu schaffen. Beim Wiederbeginn mit der Fütterung gibt man immer nur kleine Mengen ausschließlich leicht verdaulicher Nahrung wie weich gekochten Naturreis, Huhn, Fisch oder Rührei, bis der Stuhlgang des Hundes wieder normal ist. Natürlich kann Durchfall auch ein erstes Anzeichen für eine ernsthafte Erkrankung sein. Ist er nach vierundzwanzig Stunden Behandlung noch immer unverändert oder bereits am Anfang außerordentlich heftig, insbesondere aber, wenn mehr als ein kleiner Tropfen Blut im Stuhl auftritt, solltest Du sofort den Tierarzt hinzuziehen.

## WUNDEN UND SCHNITTVERLETZUNGEN

Kleine Schnitte und Verletzungen säubert der Hund durch Lecken. Er darf dies auch, aber nie im Übermaß. Wenn der Hund fortwährend leckt und an der Wunde herumbeißt, braucht er möglicherweise einen Schutzkragen. Diesen erhält man beim Tierarzt, aber auch aus einem Plastikeimer passender Größe läßt er sich leicht selbst herstellen. Dabei wird der Boden des Eimers ausgeschnitten. In den so entstandenen Kragen werden am unteren Rand Löcher gebohrt, eine Schnur durchgezogen und das Halsband durch die Schlaufen geschoben. Die meisten Hunde gewöhnen sich nach einiger Zeit an diese "Verzierung". Sie können unverändert beobachten, was sich ereignet, fressen, trinken und atmen. Aber sie können die wunde Stelle nicht mehr erreichen. Wie auch immer, nie darf man den Hund einen solchen Kragen zu lange tragen lassen. Wenn Du den Eindruck hast, daß die Wunde gereinigt werden muß, benütze ein desinfizierendes Mittel wie Kodan-Spray.

Das Verbinden von Wunden erfordert Übung. Es ist meist schwierig zu verhindern, daß der Verband rutscht, ohne daß er so fest angelegt wird, daß dies wiederum den Blutkreislauf beeinträchtigt. Man kann Verbände an Läufen und Pfoten durch einen alten Strumpf schützen, diesen wiederum mit einem Kunststoff-Beutel, wenn man den Hund auf die Straße führt. Große und tiefe Wunden müssen grundsätzlich vom Tierarzt genäht werden. Der Verlag empfiehlt jedem Hundebesitzer dringend, das Buch *"Tim Hawcroft: ERSTE HILFE FÜR HUNDE"* aus der *KYNOS-Ratgeber-Serie*. Hier findest Du vorzügliche Ratschläge für eine Vielfalt von Problemen, beispielsweise auch in Notfällen, wie Vergiftungen, Unfällen usw. Dieses Buch hat schon manchem Hund die Gesundheit wiedergegeben oder sogar das Leben gerettet.

## VERABREICHUNG VON MEDIKAMENTEN

Oft erhältst Du von Deinem Tierarzt eine Packung Pillen und die Anweisung, dem Hund dreimal täglich eine zu geben. Dann hast Du das Problem, Deinen Hund zu überreden, das Medikament zu schlucken. Wenn Du die Tablette ins Hundefutter mischst, führt dies meist dazu, daß der Hund sein Essen hinunterschlingt, am Ende aber die Pille, so klein sie auch sei, alleine am Boden der Hundeschüssel zurückbleibt. Schlimmer wäre es aber, wenn der Hund die Pille ausspucken und verlieren würde, so daß Du gar nicht weißt, ob er sie nun geschluckt hat oder nicht. Hunde können außerordentlich geschickt mit ihrem Maul umgehen, aussortieren, was sie nicht mögen. Eine Möglichkeit ist, die Pille in einem kleinen, aber besonders gut schmeckenden Leckerbissen zu verabreichen. Dabei ist der Hund so gierig auf den Leckerbissen, daß er die Pille mit hinunterschluckt. Gelingt dies nicht, solltest Du den Fang des Hundes mit der linken Hand öffnen, indem Du die Lefzen mit Daumen und Zeigefinger von außen nach innen direkt hinter die Fangzähne des Oberkiefers drückst. Mit der rechten Hand wird der Unterkiefer heruntergedrückt. Um den Fang offenzuhalten, werden die Lefzen auf die Molare gelegt. Jetzt wird die Tablette so weit wie möglich über die Zunge nach hinten geschoben. Dann wird der Fang geschlossen gehalten, während man den Hund durch Streicheln seiner Kehle zum Schlucken veranlaßt.

Sicherlich erwartest Du nicht, daß Dein Hund für ihn unangenehm schmeckende flüssige Medizin vom Löffel leckt. Am einfachsten verabreicht man flüssige Medizin mit einer Plastikspritze ohne Nadel, die man sich beim Tierarzt oder in der Apotheke besorgt. Man nimmt die vorgeschriebene Menge mit der Spritze aus der Flasche, zieht die Lefze so nach außen, daß sie eine Tasche bildet. Jetzt wird der Hundekopf nach hinten gebeugt und das Medikament vorsichtig in die Tasche gespritzt. Auch hier veranlaßt leichte Massage der Kehle wieder das Schlucken. In Ermangelung einer Spritze kann man das Medikament auch mit einem Teelöffel in die Lefzentasche schütten. (Die Bildfolge aller dieser Maßnahmen ist im Buch *"Erste Hilfe"* zu sehen.)

## PARASITEN

**Flöhe:** Vielleicht hat Dein Hund bei seiner Ankunft Flöhe. Unabhängig davon besteht aber immer die Gefahr, daß er sich auf irgendeine Art Flöhe einfängt. Handelt es sich nicht um viele Flöhe, lassen sie sich im Hundefell manchmal sehr schwierig finden. Am besten kämmt man mit einem feinen Kamm über den Rücken und rund um den Rutenansatz. Flohausscheidungen sind Sandkörnern recht ähnlich, jedoch von schwarzer Farbe. Wenn Du diese auf ein feuchtes Stück weißes Löschpapier schüttest und sie eine rötliche Färbung abgeben, dann hat Dein Hund Flöhe. Tritt keine Verfärbung auf, handelt es sich meist um Schmutzkörnchen.

Flöhe sind durchaus kein Hinweis darauf, daß Dein Hund schmutzig oder unge-pflegt ist. Selbst sehr gut gehaltene Hund können hier und da einen Floh auflesen. Man muß wissen, daß die moderne Wohnung mit ihren üppigen Teppichen und Zentralheizung geradezu ideal für Flöhe ist. Regelmäßige Pflege mit einem engma-schigen Kamm wird helfen. Hinzu kommt aber auch die Anwendung eines Insekti-zids nach Anweisung des Tierarztes. Regelmäßig solltest Du rund ums Hundelager auf den Teppichen und Sesseln den Staubsauger benutzen. Die Schmutztüte wird nach Möglichkeit mit Inhalt verbrannt. Wenn Du Deinen Hund gegen Flöhe behan-delst, solltest Du gleichzeitig immer auch die Auflage des Hundebetts gründlich waschen.

**Zecken:** Ein recht unangenehmer, in kleiner Zahl aber nicht echt schädlicher Parasit. Zecken sind winzige dunkle Insekten, die sich in die Haut einbohren und vollgeso-gen die Größe einer Erbse erreichen können. Häufig liest sie der Hund im Gras oder unter Büschen auf. Dort werden sie durch Schafe, Igel und viele andere Tiere ver-breitet. Haben diese Blutsauger sich vollgesaugt, fallen sie vom Hund ab. So lange sollte man aber nie warten. Wenn man sie einfach herausreißt, kann der Kopf der Zecke in der Haut stecken bleiben und dort eine Infektion auslösen. Die beste Methode bietet eine Zeckenzange. Danach wird die Bißstelle desinfiziert. Die frühere Praxis des Betupfens des Zeckenendes mit Alkohol oder Öl wird heute nicht mehr empfohlen. Zwar lockert die Zecke ihren Griff, gibt aber gleichzeitig noch vermehrt Giftstoffe ab.

**Läuse:** Läuse können nur auf einem "Wirttier" leben, deshalb gibt es keine Probleme einer Ausdehnung auf Teppiche, Polster, Möbel und dergleichen. Ausgewachsene Läuse sind braune Insekten, die sich langsam über die Haut bewegen. Ihre Eier sind weiß, werden auf dem Hundehaar abgelegt, in aller Regel rund um Ohren und Hals. Zur Läusebekämpfung gibt es heute eine ganze Reihe von Insektiziden, die hoch-wirksam sind.

**Räude:** Die verbreitetsten Räudeformen sind Sarcoptes-Räude, die auch auf den Menschen übertragen werden kann, und Demodex-Räude, die weniger leicht übertra-gen wird. Häufiges wildes Kratzen und fleckenförmiger Haarverlust sind meist ein Anzeichen für Räude. Räude bedarf der tierärztlichen Behandlung, wobei diese zwar langwierig sein kann, aber mit den heutigen Medikamenten ist die Erkrankung durch-aus zu heilen.

**Spulwürmer:** Welpen haben nahezu immer Spulwürmer, selbst erwachsene Hunde können leicht befallen sein. Der biologische Namen dieses Parasiten lautet *Toxocara canis*. Die Würmer sind weiß und rund, etwa sieben bis zwölf Zentimeter lang. Sie werden vom Hund entweder einzeln oder in Bündeln von zwei oder drei mit oder ohne Stuhlgang ausgeschieden. Die Anti-Hunde-Lobby hat die Tatsache sehr aufge-bauscht, daß Wurmeier des Spulwurms auch auf Menschen übertragen werden kön-nen. Hierfür müssen die Eier aber vom Menschen geschluckt werden. Selbst dann ist es jedoch äußerst selten, daß der Mensch sich krank fühlt. Trotzdem gibt es eine kleine Anzahl von Fällen, bei denen ernsthafter Schaden entstand. Selbst wenn das Risiko außerordentlich klein ist, hast Du bestimmt nicht die Absicht, anderen Menschen, insbesondere Kindern, Schaden zuzufügen.

Die Wurmeier brauchen nach der Aufnahme einige Zeit zur Reife. Es entspricht daher dem gesunden Menschenverstand, alle Ausscheidungen so schnell wie möglich aufzuheben und zu entsorgen. Beim ausgewachsenen Hund tritt Spulwurmbefall sehr viel weniger auf als beim Welpen. Viele Tierärzte empfehlen periodische Spulwurmkuren alle sechs Monate, andere wieder regelmäßige Kotproben erst auf Spulwurmbefall zu untersuchen. Einige der Wurmmittel, wie sie im Handel angeboten werden, sind nicht immer voll zuverlässig. Am besten läßt man sich geeignete Mittel und korrekte Dosierung vom Tierarzt angeben. Viele der heutigen Wurmmittel lösen die Würmer bereits innerhalb des Hundes auf, so daß sie bei der Ausscheidung nicht sichtbar werden und dem Besitzer die Aufgabe des Wegschaffens erleichtern. Dies bedeutet aber auch, daß Du, selbst wenn Du keine Würmer siehst, regelmäßige Entwurmung nicht vergessen darfst. Die Übersetzer empfehlen periodische Kotproben und Behandlung nach Anweisung des Tierarztes. Auf diese Art erreicht man einen vorzüglichen Hygienestandard, riskiert keinesfalls die eigene Gesundheit oder die der Kinder.

**Bandwürmer:** Hierbei handelt es sich um einen in viele kleine Segmente aufgegliederten Wurm mit kleinem Kopf, wobei dieser Kopf in der Darmwand des Hundes verankert wird. Die einzelnen Glieder brechen ab, werden mit dem Kot ausgeschieden. Im Zyklus des Bandwurms spielt der Floh eine wichtige Rolle. Deshalb verringert Flohbekämpfung bei einem Hund auch die Wahrscheinlichkeit von Bandwurmbefall. Treten im Kot Bandwurmglieder auf, muß der Tierarzt das entsprechende Medikament verschreiben. Für diese Behandlung muß der Tierarzt das Körpergewicht des Hundes wissen.

**Hauterkrankungen:** Einige Hunde haben eine sehr empfindliche Haut. Kleine Reizungen, wie etwa ein Flohbiß oder ein Kratzer, veranlassen sie, diesen Bereich zu lekken oder daran zu knabbern. Danach wird der geschädigte Bereich von Bakterien befallen, was weitere Entzündung und Juckreiz auslöst. Ohne sofortige Behandlung kann es zu einer schnellen Ausdehnung der befallenen Fläche kommen. Der ganze Bereich entzündet sich, Vereiterung und Haarausfall sind die Folge. Eine Behandlung durch den Tierarzt ist angezeigt.
Wir selbst haben aber festgestellt, daß dies auch leicht zu Hause behandelt werden kann. Der Hautbereich wird völlig gereinigt, man nimmt eine antiseptische Lösung wie Kodan-Spray, Dettol oder Savlon, entfernt allen Eiter. Dann wird der Bereich vorsichtig getrocknet, eine Lösung wie Germoline aufgetragen, die sowohl antiseptisch als auch örtlich unästhetisch wirkt. Gerade die betäubende Wirkung hilft dabei, den Hund davon abzuhalten, die Haut durch weiteres Kratzen und Knabbern zusätzlich zu belasten. In den meisten Fällen kontrolliert eine solche Behandlung schnell den ganzen Bereich. Die Wunden trocknen ab und nach einiger Zeit sieht man das Haar wieder wachsen.

Die vorstehende Liste von kleinen Kriechtieren und Plagegeistern mag etwas abstoßend wirken, aber jede Tierhaltung kann solche Probleme mit sich bringen. Wichtig ist immer, daß man den Parasitenbefall erkennt, ehe er zu einem größeren Problem wird. Du mußt ganz einfach wissen, daß so etwas passieren kann und in der Lage sein, die richtige Diagnose zu stellen, dann machen die meisten dieser Erkrankungen Dir eigentlich wenig Probleme. Gute Pflege, korrekte Fütterung, fachgerechte Fellpflege und gesunder Menschenverstand halten Deinen Hund fit und gesund, machen ihn zu einem fröhlichen Familienmitglied. Natürlich muß auch auf strikte Hygiene geachtet werden, beispielsweise gründliches Händewaschen nach jeder Behandlung, damit eine Übertragung von Erkrankungen auf den Menschen weitestgehend ausgeschlossen bleibt.

## ERBKRANKHEITEN

**Entropium:** Bei einigen Hunden tritt Entropium als Erbkrankheit auf, in bestimmten Hunderassen ist Entropium ziemlich verbreitet. Auffällig ist ein nasser Fleck unter dem Auge. Oft ist das Auge dabei teilweise geschlossen, das Augenlid angeschwollen. Häufig reibt der Hund auch mit der Pfote am Auge. Die Ursache ist ein nach innen gedrehtes Augenlid, wobei die Augenwimpern den Augapfel reizen. Besitzer von Hunden, bei denen solche Symptome auftreten, behaupten häufig, der Hund sei Auto gefahren und habe durch das offene Fenster Zug bekommen. Das mag richtig sein. Wenn das Auge aber nicht abtrocknet, sollte man zum Tierarzt gehen. Entropium kann außerordentlich schmerzhaft sein, zum Dauerschaden am Auge führen. Im Grundsatz läßt sich Entropium durch eine einfache Operation leicht beheben.

**Hüftgelenk-Dysplasie:** Sicherlich hast Du bereits von dieser Krankheit gehört. Sie wird meist mit HD abgekürzt und tatsächlich so häufig erwähnt, als sei sie in der Welt der Hunde von größter Wichtigkeit, insbesondere, als müsse man diese Krankheit unbedingt durch Röntgen diagnostizieren. Richtig ist natürlich, daß Hunde mit schwerer HD nie zur Zucht verwendet werden dürfen. Deshalb ist die Diagnose bei Zuchthunden absolut notwendig. Hast du jedoch keinerlei Absichten, mit Deinem Tierheimhund, der ja in vielen Fällen bereits kastriert ist, zu züchten, solltest Du eigentlich alle Probleme rings um HD vergessen, es sei denn, Dein Hund geht ohne einen besonderen Grund stark lahm.

HD ist eine Erbkrankheit, bei der Hüftgelenkskopf und Pfanne verformt sind. Viele Hunde haben HD in irgendeinem Grad, der von sehr leicht bis schwer gehen kann. Die große Mehrheit dieser Hunde führt jedoch ein absolut normales Leben, ohne daß ihre Beweglichkeit irgendwie eingeschränkt wäre. Es gibt bei schwerer HD keine andere Heilungsmöglichkeit als eine ziemlich große Operation. Zum Röntgen Deines Hundes auf HD muß er in Vollnarkose gelegt werden, was Geld kostet und auch immer gewisse Risiken für den Hund bringt. Es macht daher überhaupt keinen Sinn, so etwas nur deshalb durchzuführen, um zu wissen, ob ein Hund HD-frei ist, solange man nicht mit ihm züchten möchte.

## NOTFÄLLE

**Maulkorb für Notfälle:** Einen guten Maulkorb kann man im Zoohandel kaufen. Aber es gibt Gelegenheiten, bei denen man einen solchen Maulkorb schnell braucht und improvisieren muß, etwa bei Verletzungen oder wenn der Hund aus irgendwelchen Gründen besonders aufgeregt ist. Für diesen Fall braucht man zunächst eine längere Bandage, vielleicht einen Nylonstrumpf oder die Hälfte einer Strumpfhose. Man legt dem Hund die Bandage von hinten an, wobei die Bandagenmitte direkt vor den Augen des Hundes auf die Nase gelegt wird. Dann wird die Bandage nach unten geführt, unter dem Kiefer ein einfacher Knoten gebunden. Man führt sie dann hinter die Ohren und bindet erneut zusammen. Es ist immer gut, so etwas einmal in einem ruhigen Augenblick auszuprobieren. Es ist eine recht effektive Methode, den Fang des Hundes zu verschließen, ohne daß dabei das Atmen beeinträchtigt wird. Allerdings wird Dich der Hund sicherlich mit einem sehr seelenvollen Blick anschauen, wenn er so etwas tragen muß!

**Verkehrsunfälle:** Auf allen Verkehrsstraßen müssen Hunde immer unter strenger Kontrolle gehalten werden. Trotzdem kommt es immer einmal wieder zu Unfällen, vielleicht kommst Du selbst in die Situation, zu Hilfe gerufen zu werden, um einem streunenden Hund erste Hilfe zu leisten, der Opfer eines Verkehrsunfalls wurde.

Das allererste Problem ist immer das Stoppen des Verkehrs. Andere Fahrer sehen möglicherweise nicht, daß ein verletzter Hund auf der Straße liegt, andere fahren nur knapp daran vorbei, weigern sich, ihre Geschwindigkeit zu verlangsamen. Ein Hund beißt möglicherweise instinktiv aufgrund von Schock und Schmerzen. Deshalb sollte man nach Möglichkeit dicke Handschuhe tragen. Man kann auch einen Mantel oder eine Decke über den Kopf des Hundes werfen. Damit kann man den Hund in seiner Bewegung einschränken und sich selbst schützen. Möglicherweise hat der Hund Verletzungen erlitten, die sich durch einen Transport verschlimmern. Liegt aber der Hund auf der Straße, muß er unbedingt weggebracht werden. Vielleicht kann man ihn ins Auto tragen und zum nächsten Tierarzt fahren. Wenn irgendmöglich, sollte man den Hund vorsichtig auf eine Decke oder einen Sack legen und ihn darauf an den Straßenrand ziehen. Blutende Wunden müssen mit einem Wattepolster bedeckt, sanft bandagiert oder unter Druck festgehalten werden. Möglichst ruhig und langsam zum nächsten Tierarzt fahren, den Hund mit irgendeiner Art Decke dabei warmhalten.

Nur sehr selten kommen Tierärzte zur Unfallstelle und auch die Polizei zögert zu kommen, wenn der einzige Geschädigte ein Hund ist. Einige Tierschutzorganisationen haben eigene Tierambulanzen, die man anrufen kann, leider ist dies selten. In den meisten Fälle ist der Besitzer des Hundes nicht am Unfallort, häufig nicht einmal eine Identifikationsplakette am Halsband angebracht. Wenn Du Dich erst einmal engagiert hast, wird Dir schnell klar, daß alle anderen Dir die Angelegenheit allein überlassen haben, einschließlich Bezahlung der Tierarztrechnung. Bleibt nur zu hoffen, daß wenn Dein Hund einmal in gleicher Lage ist, ein anderer Tierfreund ebenso freundlich und selbstlos ist. Es ist ein Glück für Hunde und die Gesellschaft, daß nicht jedermann "einfach so auf der anderen Straßenseite vorbeigeht."

## VETERANEN

Unter allen Hundeliebhabern bewundern wir jene am meisten, die alten Hunden, die nur noch etwa ein Jahr oder weniger zu leben haben, noch ein bequemes, liebendes Zuhause bieten. Meist handelt es sich um Hunde, deren Besitzer gestorben sind und sie alleine zurückließen. Einem solchen Hund ein Zuhause zu geben, kann sowohl recht teuer werden als zuweilen auch nahezu das eigene Herz brechen. Nimmst Du einen jungen Hund mit nach Hause, besteht eine vernünftige Chance, ihn über zehn oder mehr Jahre bei sich zu haben. Bei einem alten Hund naht häufig viel zu schnell das Ende. Aber die Tierfreunde, die solche *Oldies* zu sich nach Hause holen, werden durch das gute Gefühl belohnt, einem Hund an seinem Lebensabend noch ein gutes Zuhause und Gesellschaft geschenkt zu haben.

Unausweichlich wird auch der junge Hund, dem Du ein Zuhause bietest, alt werden, was auch für Euer Zusammenleben wichtige Änderungen bringt. Erkrankungen wie Nieren- und Herzleiden erfordern häufig Spezialdiät, näheres erfährt man beim Tierarzt. Auch der tägliche Auslauf muß eingeschränkt, ebenso die Nahrungsmenge angepaßt werden. Allerdings ist es dabei nicht immer leicht, sein Herz im

# DIE ZWEITE CHANCE

Zaum zu halten, wenn das Futter eine der wenigen im Leben verbliebenen Annehmlichkeiten ist, der Appetit des Hundes unverändert scheint. Wenn Du aber nichts dagegen tust, gestattest Du Deinem Hund, völlig übergewichtig zu werden und das schadet ihm. Allerdings werden bei einem Veteranen ein paar kleine zusätzliche Bröckchen seiner Lieblingsleckerli weniger gefährlich sein.

Alte Hunde werden häufig schwerhörig. Die Tatsache, daß Dein Hund nicht mehr sofort auf Kommandos reagiert, kann sowohl auf Taubheit zurückgehen, aber ebenso auch auf eine gewisse Altersdickköpfigkeit. Auch das Sehvermögen nimmt ab, das fröhliche Begrüßungslächeln kann seinen leuchtenden Glanz verlieren. Das Alter bringt es auch mit sich, daß der Hund gerne dicht an der Wärmequelle sitzt. Alte Hunde brauchen Wärme und ein bequemes Lager, völlig zugfrei, wo sie lange Stunden ungestört schlafen dürfen. Zwar wird die Länge des einzelnen Spaziergangs reduziert, gleichzeitig ist aber häufig die Blase des Hundes nicht mehr so funktionsfähig. Deshalb muß man den Hund häufiger ausführen, insgesamt also kürzer und öfter.

Wenn Du siehst, wie Dein Hund alt wird, möchtest Du vielleicht einen jüngeren Hund ins Haus holen, ehe der alte stirbt. Darüber solltest Du etwas länger nachdenken. War der alte Hund über viele Jahre in Deinem Haushalt Einzelhund, wird er es möglicherweise übelnehmen, wenn ein Teil Deiner Zuneigung jetzt auf einen "Neuankömmling" übertragen wird. Wenn Dein Hund Dir über sein ganzes Leben voll vertraute, verdient er vielleicht auch in seinem hohen Alter Deine ungeteilte Liebe und Aufmerksamkeit. Ein übermütiger Junghund kann für die Geduld eines alten Hundes oft zuviel sein. All dies führt zu Auseinandersetzungen, bei denen der alte Hund wohl nicht gewinnen kann. Ebenso wahrscheinlich können einige alte Hunde, besonders Rüden, mit einem Welpen noch mal einen neuen Lebensschub erleben, benehmen sich ganz wie ein stolzer Großvater.

## DAS ENDE

Leider, Hunde leben bei weitem nicht so lange wie wir Menschen. Hast Du Glück, legt sich Dein alter Hund eines Tages ruhig in sein Hundelager schlafen und wacht nicht wieder auf. Ein Hund, der auf friedliche Art einschläft, ohne Schmerzen oder Not, erspart Dir die Entscheidung, vor der eines Tages fast alle Hundebesitzer stehen. Und für viele tritt diese Situation viel zu häufig auf. Alter als solches kann nie ein ausreichender Grund sein, um einen Hund einschläfern zu lassen. Es gibt aber unheilbare Krankheiten und körperlichen Verfall, welche die Lebensqualität eines Hundes auf ein nicht mehr erträgliches Maß einschränken. Für viele ist die Vorstellung, durch eigene Entscheidung einen alten, vertrauten Freund einschläfern zu lassen, eine Situation, mit der sie schwer zurechtkommen. Aber wie schmerzhaft dies auch sein mag, wir sind fest davon überzeugt, daß eine solche Entscheidung getroffen werden muß. Nach einem langen und glücklichen gemeinsamen Leben ist es die letzte Pflicht, die Du Deinem Hund schuldest, ihm ein friedliches und schmerzloses Ende zu gewähren. Du kannst nicht verantworten, daß nur aus Mitleid mit Dir selbst Dein Hund unheilbar krank, sowie von starken Schmerzen geplagt seine Würde verliert. Dem Hund gegenüber wäre das eine Grausamkeit!

Heute kann der Tierarzt einen Hund in Frieden einschläfern, ohne daß dieser irgendwelchen Streß empfindet. Der Hund weiß überhaupt nicht, was ihm geschieht. Wenn Du ihn fest in Deinen Armen hältst und mit ihm sprichst, wird er friedlich einschlafen. Soviel Streß das für Dich bedeuten mag - Du mußt bis zum letzten Atemzug bei Deinem Hund bleiben. Keinesfalls darfst Du gestatten, daß irgendein Fremder ihn in ein fremdes Umfeld bringt, wo er - möglicherweise nach einem Kampf - die erlösende Spritze bekommt. Damit würdest Du abschließend all das zerstören, was einmal zwischen Dir und Deinem Hund so wertvoll war.

Noch eine weitere schlimme Aufgabe liegt vor Dir. Viele Hundeliebhaber möchten ihren Hund in einer ruhigen Ecke im eigenen Garten begraben. Besucher großer Landsitze haben vielleicht unter den Bäumen in einem Park Grabsteine mit den Namen von "Spot" oder "Blackie" gefunden. Sie umfassen oft 100 Jahre Geschichte der Familienhunde. Unsere modernen, kleinen Gärten erlauben heute solche Bestattungen schwerlich. Das Grab unter dem Apfelbaum ist häufig - besonders für große Hunde- kaum mehr möglich. Eine Alternative bietet das Krematorium. Es gibt immer mehr Organisationen, die ein Einäschern ermöglichen. Dabei wird die Asche dem Besitzer zurückgegeben. Er kann sie im eigenen Garten verstreuen, draußen in der Natur, wo sein Hund zu spielen liebte.

Nicht nur der Tod Deines Hundes kann Dir Leiden bereiten, Du solltest auch an den möglichen eigenen Tod denken, der Deinen Hund unter Umständen alleine zurückläßt. Vielleicht hinterläßt Du einen Partner, der Deinen Hund genauso liebt wie Du selbst und der seine Betreuung übernimmt. Ist das der Fall, brauchst Du Dir keine weiteren Sorgen zu machen. Da aber in unserem Leben nichts so sicher ist wie der Tod, wäre es vernünftig, rechtzeitig testamentarische Regelungen zum Wohle Deines Hundes zu treffen. Viele Tierschutzvereine verfügen über Programme, wodurch Dein letzter Wille abgesichert werden kann.

Allerdings sollte man in der Ausführung des Testaments eine gewisse Flexibilität einräumen, denn zu strenge Regeln könnten dazu führen, daß Dein Hund den Rest seines Lebens im Zwinger verbringen muß. Zwar wird der Hund dann betreut, es verschließt ihm aber die Möglichkeit, in einer anderen Familie ein neues Leben aufzubauen. Natürlich könntest Du Dich darum sorgen, daß Dein Hund über das Tierheim in weniger gute Hände gerät. Das Beste wäre immer, wenn man Freunde oder Verwandte besitzt, die die Verantwortung für den Hund übernehmen. Möglicherweise sollte man einen gewissen Geldbetrag aussetzen, der die Kosten für die Betreuung des Hundes für den Rest seines Lebens gewährleistet.

Der Tod eines geliebten Hundes hinterläßt immer in Deinem Leben eine große Lücke. Einige Hundefreunde möchten eine Zeit lang in Ruhe trauern, ehe sie sich nach Ersatz umsehen. Andere wiederum sind bemüht, den Verlust so schnell wie möglich durch einen neuen Hund auszugleichen. Wahrscheinlich ist die beste Erinnerung an Deinen Hund, wenn Du einem anderen Hund, der es nötig hat, ein neues Leben und Glück schenkst. Wenn Du aber Deinen alten Freund ersetzt, mußt Du wissen, daß der neue Hund immer ein eigenes Individuum ist, mit anderen Eigenschaften und anderen Gewohnheiten. Du mußt Deinen neuen Hund so lieben, wie er ist, darfst nie erwarten, daß er zum genauen Doppelgänger Deines alten Lebensgefährten wird.

## Kapitel 7
# *Hunde und das Gesetz*

In früheren Zeiten war der Hundebesitz eine recht alltägliche Angelegenheit. Es gab wenig Einschränkungen. Der Familienhund, der Hundebesitzer, der mit seinem Hund spazieren geht, mit einem Hund spielende Kinder waren Teil des Alltaglebens, ja sogar eine Art Folklore. Der Hundebesitz unterlag wenig Regeln. Wollte man einen Hund halten, dann hatte man einen. Es gab zwar in England eine Art Hundelizenz, sie kostete 7 Schilling und 6 Pence. Immer weniger Hundefreunde, ja nicht einmal die Regierung, kümmerten sich darum, weil das Eintreiben zu teuer war. In den deutschsprachigen Ländern erhoben die Gemeinden Hundesteuern in bescheidenem Rahmen, aber auch dies brachte für die Hundehalter keine wesentlichen Beeinträchtigungen..

Die englische Gesetzgebung basierte, was Hunde anging, auf alten Gesetzen, die bereits hunderte von Jahren bestanden und in einfachen Worten zum Ausdruck brachten, daß wenn Dein Hund Menschen oder Tiere angriff, sonst irgendwelchen Schaden stiftete, möglicherweise die Angelegenheit vor Gericht ging. Die Entscheidung der Gerichte lag weitgehend im Rahmen der Anträge der Stadtverwaltungen. Sie erstreckten sich von einer kleinen Geldstrafe, damit der Hund besser kontrolliert wird, bis in sehr schwerwiegenden Fällen zu der Anordnung, den Hund zu töten. Die allgemeine Haltung war von gesundem Menschenverstand bestimmt, wobei man im ganzen Land grundsätzlich im Hund ein geschätztes Mitglied der Gesellschaft sah.

### DER UMBRUCH

In gewissem Umfang liegt die Schuld bei den Hundebesitzern selbst, daß sich die Haltung der Öffentlichkeit und der Stadtverwaltungen verändert hat. Da gibt es zunächst einen steilen Zuwachs der Hundehalter gerade in städtischen Bereichen, begleitet von dem Glauben vieler Hundebesitzer, daß "ihr Hund nichts Böses tun kann" oder gar eine Reihe von Problemen auslösen könnte. Dazu gehören übermäßige Verschmutzungen der Straßen und öffentlichen Plätze, Beißunfälle, Einsatz des eigenen Hundes durch kriminelle Elemente als Abwehr gegen die Polizei. Hinzu kommt der streunende Hund, der morgens aus der Wohnung auf die Straße geschickt wird, unbeaufsichtigt umherstromert, oft in Gruppen auftritt. Ein Bild, das man gerade in England immer häufiger sieht. Normale freundliche Hundebesitzer bemerkten erst sehr spät, was vor sich ging. Natürlich konnten sie kriminellen Mißbrauch nicht unterbinden, aber sie versäumten es viel zulange, ihre Hunde unter Kontrolle zu halten und die Straßenverschmutzungen zu vermeiden.

Die kleine, aber stimmgewaltige Antihundebewegung bediente sich all dieser Aspekte. Ende der 1980er Jahre begann eine Kampagne für strengere Gesetze zur Hundehaltung. Eine Anzahl tragischer Unfälle, bei denen auch Kinder von Hunden angegriffen wurden, warfen ein besonders grelles Licht auf unverantwortliche Hundehalter. Unter dem Druck der Medien entschied sich die englische Regierung, auf die Schnelle neue Gesetze zu verabschieden. Gerade die Tatsache, daß diese Gesetzgebung völlig überhastet erfolgte, brachte es mit sich, daß einige Maßnahmen zwar recht vernünftig, andere aber sehr schwer zu begreifen waren und die Probleme auch gar nicht an der Wurzel trafen. Trotzdem ist es natürlich wichtig, daß jeder Hundebesitzer die gesetzlichen Anforderungen kennt.

# HUNDE UND DAS GESETZ

Die nachstehende Übersicht über gesetzliche Maßnahmen in England zeigt die Probleme auf, denen sich englische Hundebesitzer gegenübersehen. Für die Hundebesitzer in Deutschland erschien ein erstklassiges Fachbuch: *Kynos kleine Hundebibliothek, HUNDE IM PARAGRAPHENDSCHUNGEL*, von Jutta und Friedrich Wienzeck, das sehr viele Informationen, insbesondere aber auch nützliche Hilfen bietet. Es sei allen deutschsprachigen Lesern an dieser Stelle ans Herz gelegt (vgl. S. 59).

## HUNDEÜBERWACHUNG

Von den örtlichen Behörden wird heute verlangt, für Hundefragen verantwortliche Angestellte bereitzustellen, in England normalerweise unter der Bezeichnung *dog warden* bekannt. Ihre Aufgabe ist es, die gesetzlichen Maßnahmen im jeweiligen Bezirk zu veranlassen und zu überwachen. *Dog wardens* können Behördenangestellte sein, die Aufgaben werden aber auch durch Aufträge anderer übertragen.

So gibt es solche Verträge auch mit Tierschutzorganisationen. Dadurch haben die *wardens* Erfahrung und Unterstützung dieser Institutionen. Wissen, Haltung und Effizienz der *dog wardens* unterscheiden sich beträchtlich, ebenso die Anforderungen der örtlichen Behörden. Im allgemeinen sind solche Hundeüberwacher entweder selbst Hundeliebhaber, die sich für die Aufgabe interessieren, in bedauerlichen Fällen aber auch reine *Hundefänger*. Triffst Du auf den örtlichen Hundebeamten in den Ausbildungsvereinen, siehst Du ihn auf Hundeausstellungen als Richter, hält er gar bei Schulkindern Vorträge, dann gibt es wahrscheinlich in Deiner Gemeinde einen *warden*, der seine Aufgabe in erster Linie erzieherisch versteht. Solche Angestellte führen ihre Aufgaben mit viel Sympathie und Verständnis durch.

Eine Hauptaufgabe des englischen *dog warden* ist das Einfangen streunender Hunde. Was ein streunender Hund ist, wird gesetzlich nicht definiert. Man geht davon aus, daß es sich bei einem Hund, der auf öffentlichen Wegen alleine läuft, ohne daß eine Aufsichtsperson zu entdecken ist, um einen streunenden Hund handelt. Und genau an dieser Stelle können die Probleme beginnen. Es gibt viele Hunde, die genau wissen, wo sie leben, die Gewohnheit angenommen haben, jeden Morgen einmal um den Block zu laufen. Sie prüfen dabei, was mit den Hündinnen in der Gegend los ist, überzeugen sich davon, daß keine rivalisierenden Rüden sich in ihr Territorium eingeschlichen haben und besorgen sich vielleicht bei der freundlichen Dame im Eckhaus ihren Hundekuchen. Nach der alten Gesetzgebung hatte die Polizei die Möglichkeit selbst zu entscheiden, ob ein Hund streunt oder nicht. Der örtliche *Bobby* kannte "Fido" sicherlich, wußte, daß er im Haus Nr. 9 wohnte und nie irgendwelchen Ärger machte. Deshalb ließ er den Hund seines Weges gehen.

Das heutige *Gesetz* verlangt, daß der Hundeaufseher jeden Hund aufgreift, den er für einen Streuner hält. Kann man den Hundebesitzer namentlich durch die Adresse am Halsband identifizieren, ist es Aufgabe des Hundeaufsehers, den Besitzer von der Tatsache, daß der Hund aufgegriffen wurde, in Kenntnis zu setzen. Er erhält die Mitteilung, wohin man den Hund verbrachte, daß er innerhalb von sieben Tagen eingeschläfert werden könnte, wenn man ihn nicht zurückholt. Das Gesetz legt fest, daß die Abholung des Hundes 25 Pfund kostet, zusätzlich Kosten für Unterbringung und alle anderen damit in Zusammenhang stehenden Kosten, einschließlich des Zeitaufwandes des Hundefängers. Heute bestimmt das Gesetz, daß jeder Hund am Halsband Namen und Adresse des Hundebesitzers oder Hundehalters führen muß. Wird er dabei erwischt, daß dies nicht der Fall ist, kann die Angelegenheit zu einer gerichtlichen Strafe führen. Damit ist es mehr als ratsam, keinesfalls dem Hund zu gestatten, ohne Begleitung eines Menschen umher zu stromern.

# DIE ZWEITE CHANCE

## STRASSENVERUNREINIGUNG

Verunreinigung durch Hunde ist Gemeindesache. Es ist Aufgabe der Gemeinde-verwaltung dafür zu sorgen, daß Straßen und Freigelände frei von Verunreinigungen bleiben, hierzu gehören auch Ausscheidungen der Hunde. Die Gemeinden bemühen sich darum Verordnungen zu erlassen, die Hunde aus bestimmten Bereichen völlig ausschließen, zumindest, daß jeder Hundebesitzer den Kot sofort selbst entfernt. Die für Verstöße vorgesehenen Strafen werden immer höher und schwerer, erreichen bereits Beträge von 200 Pfund und mehr. Verantwortungsbewußte Hundebesitzer sollten, nicht nur aufgrund der Strafandrohung, beim Spaziergang mit ihren Hunden auf öffentlichen Plätzen mit *Entsorgungsmaterial* ausgerüstet sein. In allen Zoofach-geschäften verkauft man heute *pooper-scoopers*. Das sind Plastikbeutel oder technische Geräte, die eigens zur Beseitigung von Hundekot entwickelt wurden.

## LEINENZWANG

Genau gesehen gibt es in England keinen Leinenzwang, auch nicht, wenn man seinen Hund auf öffentlichen Straßen ausführt. Ausschließlich der *Road Traffic Act 1988* erlaubt den Straßenbehörden, bestimmte Straßen zu kennzeichnen, auf denen Hunde immer angeleint werden müssen. Solche Straßen müssen klar gekennzeich-net sein, damit die Hundebesitzer von der Anordnung Kenntnis haben. Schon der ge-sunde Menschenverstand sollte Dir sagen, daß es vernünftig ist, seinen Hund anzu-leinen, unabhängig davon, wie perfekt er bei Fuß geht. Dies gilt für alle Bereiche, wo starker Verkehr herrscht oder Dein Hund andere Menschen belästigen könnte.

## BELLEN

Das ständige Bellen Deines Hundes kann Dir einigen Ärger einbringen, da es als ruhestörender Lärm angesehen wird. Die Tatsache, daß es bisher immer problemlos war, ehe Dein neuer Nachbar sich beschwerte, reicht zur erfolgreichen Verteidigung nicht immer aus.

## VERORDNUNG ÜBER GEFÄHRLICHE HUNDE

Die beunruhigendste englische Gesetzgebung ist im *Dangerous Dogs Act 1991* niedergelegt. Zum Zeitpunkt, da dieses Buch geschrieben wird, werden große An-strengungen unternommen, dieses Gesetz in einigen Teilen abzuändern. Aber es ist wenig wahrscheinlich, daß gerade jene Teile, die Dich und Deinen Hund am meisten bedrohen, in wesentlichem Umfange verändert werden. Das Gesetz befaßt sich mit zwei verschiedenen, aber untereinander verknüpften Dingen. Der erste Teil befaßt sich mit Verordnungen und Aktionen gegen bestimmte Rassen oder Hundetypen, der zweite Teil mit *gefährlichen Hunden im allgemeinen.*

Der erste Teil des Gesetzes sieht Spezialkontrollen bei vier *Hundetypen* vor:

1. Pit Bull Terrier
2. Tosa Inu
3. Dogo Argentino
4. Fila Brasiliero

Wenn Du beim Lesen der letzten drei Namen auf der Liste sagst, von diesen ha-best Du nie etwas gehört, sei Dir vergeben. Wenn wir uns auch seit über vierzig Jah-ren eingehend um Hunde kümmern, haben wir noch keinen englischen Hundexper-

## DIE RETTER

OBEN: Luftaufnahme des Margaret Young Home for Animals in Wood Green Animal Shelters, Godmanchester.

Foto: Wood Green Animal Shelters

UNTEN: Sadie, glücklich, freundlich und äußerst clever, erfreut sich heute zusammen mit ihrer Besitzerin Joy eines tollen und aufregenden Lebens. Man fand sie durch die Straßen streunend und brachte sie zur Vermittlung in die Wood Green Animal Shelters.

Foto: Cambridge Newspapers Limited

OBEN: Einige gerettete Hunde brauchen besonders viel Liebe und Fürsorge, um ihnen über das Trauma aus ihrem früheren Leben zu helfen. Tessa litt an einem Trennungstrauma, trug alle beweglichen Gegenstände aus Küche und Wohnzimmer auf einen riesigen Haufen, legte sich dann oben darauf zum schlafen.
Foto: Wood Green Animal Shelters

RECHTS: Samantha, die Beagle-Hündin, überwand ihre Ängste schnell, veranlaßte sogar ihre Besitzer, zusätzlich noch zwei weitere Hunde - Boots und Maxwell - aufzunehmen.
Foto: Wood Green Animal Shelters

*Muttey, das häßliche Entlein, das sich in einen Schwan verwandelte. Nach Berichten ihrer Besitzer sah Muttey bei der ersten Begegnung so merkwürdig aus, daß niemand sie haben wollte. An ihr kann man die Segnungen eines fürsorglichen Zuhauses ganz besonders deutlich sehen.*

Foto: Wood Green Animal Shelters

## PROMINENTENHUNDE

*Die Buchautorin Jilly Cooper ist eine großartige Kämpferin für die Sache der Tierheimhunde. Ihre treuen Begleiter sind Hero und Barbara.*

*Favour ist der erste
Behindertenhund für
Gehörlose.
Er wurde 1982 von
der National Canine
Defence
League ausgebildet.*

Foto: Albert Rigby
APRS

*Sally Ann wurde im
Alter von
achtzehn Monaten
als Helferin für
Gehörlose vom
RSPCA adoptiert,
arbeitet heute in
Derbyshire.*

Foto: Hearing Dogs for
The Deaf

*LINKS: Shep wurde aufgegriffen, nachdem er auf der Autobahn aus einem Auto geworfen wurde. Inzwischen wurde er als Helfer für Behinderte ausgebildet. Er hat das Leben seiner Besitzerin Ann Greenwood völlig umgewandelt.*

Foto: Dogs for the Disabled

*UNTEN: Einkaufen gehört zu den Lieblingsbeschäftigungen unter vielen, für die Shep ausgebildet wurde.*

Foto: Dogs for the Disabled

Louis und Storm sind beste Freunde geworden. Louis, ein deutscher Schäferhund/Tervueren-Mischling, wurde vom RSPCA gerettet. Nach Monaten liebevoller Pflege gewöhnte sich Louis in seinem neuen Zuhause ein, hat inzwischen mehr als dreißig Preise in Unterordnungswettbewerben errungen.

Wie Benson beweist - der größte Lohn für alle, Tierheimhunden ein neues Zuhause geben, sind Liebe und Vertrauen, die diese Hunde schenken.

Foto: Wood Green Animal Shelters

*Der* Dangerous Dogs Act, *erlassen mit dem Ziel, American Pit Bull Terrier und andere Kampfhunde aus England zu verbannen, hat aufgrund falscher Identitätsvermutungen zu zahllosen Problemen geführt. So konnte Buster, ein Mischling, nur vor dem Tod gerettet werden, weil seine Besitzer ein kostspieliges Gerichtsverfahren durchkämpften.*

ten getroffen, der je in England einen Dogo Argentino oder einen Fila Brasiliero gesehen hat. Das sind zwei südamerikanische Hunderassen. Was den japanischen Tosa angeht, wurde kurz vor Erlaß des Gesetzes ein einzelner Rüde importiert. Die unsinnigsten Behauptungen wurden in den Medien gerade über Größe und Wildheit dieser Hunderasse aufgestellt, und bevor dieser einsame Tosa überhaupt Zeit gefunden hatte, sich einzugewöhnen, war er schon in Acht und Bann geraten.

Das Hauptproblem in der Gesetzgebung war der Pit Bull Terrier. Über viele Jahre wurde diese Rasse in den USA gezüchtet, hauptsächlich für illegale Hundekämpfe. Der British Kennel Club hatte sich geweigert, den Pit Bull als Rasse anzuerkennen. Um dem Pit Bull gegenüber fair zu sein, muß gesagt werden, daß alle Hunde unter bestimmten Voraussetzungen kämpfen würden. Das Verbrechen des Pit Bulls besteht darin, daß der Mensch diesen Hund zu einem der besten Kämpfer aller Rassen gezüchtet hat. Abgesehen von seinen kämpferischen Fähigkeiten ist der Pit Bull ein Hund mit guten und schlechten Charaktereigenschaften wie alle anderen Hunde auch. Aber neben seinem Mißbrauch für Hundekämpfe wurde er auch noch von Kriminellen als Schutzhund eingesetzt, besonders in der Drogenszene. Die Regierung entschied, daß es für diesen Hund in England keinen Platz gebe, erließ den *Dangerous Dogs Act* mit dem klaren Ziel, diese Rasse auszurotten. Darin wird als illegal erklärt, eine der vier aufgeführten Hunderassen zu besitzen oder zu importieren, es sei denn, man erhält eine Ausnahmegenehmigung. Für eine solche Ausnahmegenehmigung muß der Hund kastriert und ihm ein identifizierender Transponder eingepflanzt werden, in dem Identifikationsnummer, Abschluß einer Haftpflichtversicherung und Eintragung im Index der *Exempted Dogs* enthalten sind. Zuhause muß dieser Hund so gehalten werden, daß er keinesfalls entweichen kann. Auf öffentlichen Straßen und Plätzen besteht Leinen- und Maulkorbzwang, und der Führer muß mindestens 16 Jahre alt sein. Die Strafandrohungen bei Verstoß gegen das Gesetz gehen von Geldstrafen bis zur Haft.

Ziel der Gesetzgebung ist es, Pit Bull und andere Kampfhunde auszurotten. Beim Entwurf der Gesetzgebung unterlief aber ein schwerwiegender Fehler, der für völlig unschuldige Hundebesitzer, die kein Interesse an Hundekämpfen und anderen illegalen Aktivitäten besitzen, zur gefährlichen und herzbrechenden Bedrohung ausarten kann. Bei den Entwurfsarbeiten zu diesem Gesetz wurde schnell klar, daß es praktisch unmöglich sein würde, vor einem Gericht zu beweisen, daß ein Hund einer bestimmten Rasse angehört. Um diese Probleme zu vermeiden, setzte man dem Rassenamen noch das Wörtchen *type* zu. Gerade der Pit Bull Terrier ist eine nicht klar umrissene Rasse. Leicht trifft man auf Mischlinge und Kreuzungen, die seiner Beschreibung nahekommen, insbesondere wenn Menschen mit wenig Hundekenntnis darüber zu entscheiden haben. Um die gesetzlichen Probleme noch weiter zu komplizieren, legt das Gesetz dem Hundebesitzer auf, selbst den Nachweis zu erbringen, daß sein Hund kein *Pit Bull Terrier Typ* ist, völlig im Widerspruch zu dem alten Rechtsgrundsatz, daß eine Person solange unschuldig ist, bis ihre Schuld bewiesen wurde. Diese Vorschrift, verbunden mit der Tatsache, daß es als Verbrechen gilt, einen nach diesem Gesetz zu registrierenden Hund zu besitzen, hatte schlimme Folgen. Ein unschuldiger Hundebesitzer, dessen Hund in etwa der Rassebeschreibung glich, sah sich plötzlich vor Gericht und mußte gegen Strafe und drohende Tötung seines Hundes kämpfen.

Sowohl die Gerichte wie auch die Tierschutzorganisationen erkannten schnell die Gefahr, Unrecht mit diesem Gesetz auszuüben. Wenn Du oder Dein Hund das Pech haben, angeklagt zu werden, gibt es heute beträchtliche Hilfen durch Experten. Da Du das Aussehen Deines Hundes aber nicht ändern kannst, liegt wahrscheinlich die Chance, Probleme zu vermeiden, darin, daß Dein Hund gut erzogen ist und unter Kontrolle steht, sich keinesfalls so benimmt, daß jemand daraus das Verhalten eines Pit Bull Terriers ableiten könnte.

Der zweite Teil des *Dangerous Dogs Act* befaßt sich mit Hunden aller Art, die sich in der Öffentlichkeit oder ohne Erlaubnis auf Privateigentum als gefährlich erweisen. Das Gesetz spricht von "gefährlich außer Kontrolle" immer dann, wenn Anlaß für die vernünftige Befürchtung besteht, daß ein solcher Hund einen Menschen verletzt, völlig unabhängig davon, ob er es tatsächlich tut. Was man hier unter *vernünftiger Annahme (reasonable apprehension)* versteht, ist natürlich eine reine Ermessensfrage. Für einen Hundekenner ist ein bei der Begrüßung springender und bellender Hund in aller Regel harmlos, wer sich aber vor Hunden fürchtet, könnte sich an Leib und Gesundheit bedroht fühlen.

Kommt ein Gericht zu der Auffassung, ein Hund sei gefährlich oder außer Kontrolle, können Besitzer oder Halter mit Gefängnis- oder Geldstrafe belegt werden. Sollte ein solcher Hund so stark außer Kontrolle geraten, daß er tatsächlich jemanden verletzt, sind die Gerichte gezwungen, seine Tötung anzuordnen.

Teil drei des Gesetzes bezieht sich auf jede Hunderasse vom Yorkshire Terrier bis zur Deutschen Dogge, umfaßt generelle Forderungen an jeden Hundehalter. Wie schon zuvor ausgeführt, die Antwort ist eine Frage des gesunden Menschenverstandes, Ausbildung und Respektieren der Rechte und Gefühle anderer Menschen. Du als Hundehalter hast die Pflicht, Deinem Hund wie der Gesellschaft gegenüber sicherzustellen, daß weder Dein Hund noch die Gesellschaft aufgrund Deiner Nachlässigkeit Schaden nimmt.

## ORTSSATZUNGEN

Es gibt noch eine ganze Anzahl von Regeln, die sich örtlich begrenzt auf den Hund auswirken können. Sie sind von Distrikt zu Distrikt unterschiedlich. Einige öffentliche Mietgesellschaften und auch private Hausbesitzer legen ihren Mietern hinsichtlich Hundehaltung Einschränkungen auf. Einige dieser Bestimmungen sind im Hinblick auf den Typ des Hundes, der gehalten wird, diskriminierend. Ein typisches Beispiel dafür ist ein allgemeines Hundehaltungsverbot, außer aufgrund individueller Erlaubnis. Dies gestattet dem Hausbesitzer nach Willkür, dem einen Mieter die Haltung bestimmter Hunde zu erlauben, dem anderen zu verbieten. Zwangsläufig sind derartige Entscheidungen meist eine Frage persönlicher Vorurteile gegen bestimmte Rassen.

## ZUSAMMENFASSUNG

Es ist schade, daß in einem Buch, das die Annehmlichkeiten des Hundebesitzes spiegelt, auch zwangsläufig solche Rechtsprobleme und ihre Auswirkungen besprochen werden müssen. Es kann aber kein Zweifel bestehen, daß eine Reihe der Einschränkungen, an denen wir heute alle leiden, aufgrund des Fehlverhaltens unverantwortlicher Hundebesitzer in der Vergangenheit entstanden sind. Deshalb ist es für alle Hundebesitzer besonders wichtig, ihrer Verantwortung gerecht zu werden, keinesfalls einen Grund für weitere Einschränkungen zu liefern.

*Kapitel 8*

# Geschichten des Erfolges

Gerettete Hunde haben es ihren Rettern gedankt, indem sie selbst der Menschheit auf vielerlei Art dienten. So arbeiten Hunde aus Tierheimen heute für taube und behinderte Menschen, als Therapiehunde für Kranke, als Spürhunde für Polizei und Armee. Andere Hunde wiederum haben jene Skrupellosen widerlegt, die sie als unerwünscht aussetzten und wurden zu Stars von Arbeits- und Gehorsamsprüfungen. Aber die überwältigende Mehrheit aller dieser Hunde dankten dadurch, daß sie sich schnell in vielgeliebte Familienmitglieder verwandelten.

## HUNDE ALS STARS

Viele Tierheimhunde wurden zu geliebten Lebensgefährten von Menschen, die durch ihre Leistungen in vielerlei Bereichen des öffentlichen Lebens berühmt sind. Daraus wurde ein Musterbeispiel für soziales Engagement der Wohlhabenden und Erfolgreichen, die nicht nur durch Ausgeben von Geld oder Geschenken, sondern durch eigenes aktives Handeln Probleme lösen. Diese Hundebesitzer haben die gleichen Schwierigkeiten durchgemacht, wie sie uns allen bei der Eingewöhnung mißbrauchter und unerwünschter Hunde widerfahren sind. Es gibt eine recht stattliche Liste bekannter Persönlichkeiten, die Tierheimhunden ein neues Zuhause geschenkt haben, in vielen Fällen selbst in Not geratene Hunde retteten. Die berühmte Autorin und Journalistin Jilly Cooper sieht sich selbst als "Anwalt der Mischlinge". Da die Begriffe "Tierheimhund" und "Mischling" häufig zusammenfallen, waren viele Hunde in ihrem Leben zuvor Tierheimhunde.

Jilly's Buch *Intelligent and Loyal*, 1981 von Eyre Methuen veröffentlicht, kündet das Lob des Mischlings. Der Leser findet darin hunderte von Anekdoten, von ziemlich erschreckenden bis ganz besonders erfreulichen. Wenn Du mit Jilly sprichst, erkennst Du schnell ihre enorme Liebe und Begeisterung für alle Hunderassen. Auf ihre eigene besondere Sympathie für Mischlinge angesprochen, macht sie völlig klar, daß sie in keiner Weise gegen Rassehunde eingestellt ist, aber findet, gerade der Mischling habe Hilfe besonders nötig.

Ihren ersten Tierheimhund wählte Jilly als Kontrastprogramm zu einem unmöglichen English Setter. Dieser arme Hund wurde aus den Händen einer Gang Halbstarker gerettet, die gerade dabei waren, ihn durch Aufhängen zu exekutieren. Sein neues Zuhause nach der Rettung war kein Erfolg, deshalb übernahm ihn Jilly. Ihr Mann nannte ihn Fortnum. Fortnum muß einer der ganz wenigen Mischlinge sein, der eigene Nachkommen für uns Menschen "auf der richtigen Seite der Gesellschaft" gezeugt hat. Seine Vaterschaft wurde nämlich von seinem Besitzer anerkannt und gebilligt. Wenn man Jilly's Beschreibung von seiner Geschicklichkeit und seiner Begeisterung als Deckrüde liest, fragt man sich, ob er nicht bei der Gestaltung einiger menschlicher Charaktere in ihren Novellen eine weitere kleine Rolle gespielt hat. Jedenfalls wurden zwei seiner Welpen aus verschiedenen Würfen, nämlich Mabel und Barbara, im Haushalt der Coopers aufgenommen.

Jilly verfügt über tiefe Einblicke in die mannigfaltigen Geschichten von Tierheimhunden. Dabei wird dokumentiert, daß alles, was ihnen in unglücklichen Tagen zustieß, ihr Verhalten auch im neuen Zuhause beeinflussen kann. Fortnum lief wahrscheinlich als kleiner Junghund in der Neujahrsnacht alleine durch die Straßen, denn er hatte immer entsetzliche Angst vor Donner und Feuerwerk. Er war ein echter vierbeiniger Gassenjunge. In seiner Zeit in Putney baute er sich schnell sein eigenes Territorium auf, markierte alle ihn interessierenden Mülleimer und ihm angenehme Hündinnen. Von Anfang an kannte er seinen Weg nach Hause und bellte, als er zu dick für den Katzenschlupf geworden war, bis man ihn herein ließ. Traurigerweise lebt Fortnum nicht mehr. Die meisten von uns haben nur einen *ganz besonderen Hund* in ihrem Leben. Für Jilly war dieser Hund Fortnum.

Heute besitzt sie Barbara, eine seiner Töchter, die langsam auch schon um den Fang herum grau wird, außerdem die Tierheimhündin Hero. Hero ist ein Lurcher, die einzige Überlebende aus einer Art hundlichem Massaker. Man fand ihre Mutter und drei Geschwister ertränkt und niemand weiß wie Hero überlebte. Sie wurde durch die National Canine Defence League Kennels gerettet, von dort kam sie zu Jilly. Sie hat nie eine gewisse Furcht gegenüber allem und jedem in unserer Welt verloren. Obwohl sie ein Hund ist, der zur Jagd auf kleine Tiere gezüchtet wurde, kommt sie mit den kleinen und großen Katzen im Haushalt bestens zurecht. Eine ihrer Gewohnheiten, wahrscheinlich nervlich ausgelöst, ist, daß sie am liebsten von Schuhen die Zehenkappen abkaut, natürlich nicht, während sie getragen werden. Sie unternimmt einen heimlichen Streifzug durch die Gästezimmer, wenn sie gerade leer sind, und mehr als einer der Übernachtungsgäste hat, was seine Schuhe anbetraf, am nächsten Morgen etwas sonderbar ausgesehen.

## DIE GESCHICHTE VON BALLY

Loyd Grossman, vielen durch seine Fernsehsendungen und Bücher bestens bekannt, erzählt die Geschichte seines von ihm geretteten Hundes Bally.

"Unsere Familie, Ehefrau Debs, die dreijährige Florence und die drei Monate alte Constance verbrachten die Ferien in Irland. Auf der Fahrt über die Straße nach Schull, wo unser Lieblingspub liegt, fuhren wir gerade hügelabwärts in die Stadt Ballydehob. Da sahen wir einen kleinen, karamelfarbenen Hund, der die Straße entlang lief, in West Cork ein völlig normales Bild. "Hat sie kein süßes Gesicht?" sagte einer von uns. Zwei bis drei Stunden später sahen wir auf dem Rückweg durch Ballydehob wohl denselben Hund an der gleichen Stelle. Aber dieses Mal lief er über die Straße und gefährdete den Verkehr.

Wir hielten an, schalteten die Warnleuchten ein und versuchten, sie uns näher anzusehen. Mit ziemlich leidendem Ausdruck ließ die Hündin alles über sich ergehen. Kein Halsband, übler Geruch, ziemlich lahm, ein Geschwür auf dem Rücken, milchige Augen. Wir konnten sie da nicht lassen, sonst wäre sie möglicherweise überfahren worden. So packten wir sie in unser Auto, sehr zur Verwunderung unseres eigenen lieben Westie Betty, und fuhren mit ihr zur Polizeistation. Hier konnte man sie jedoch nicht behalten, aber die Beamten versprachen, genau auf Berichte über entlaufene kleine Mischlinge zu achten. So nahmen wir die Hündin mit nach Hause, badeten sie sehr behutsam unter der völlig unnötigen Vorsichtsmaßnahme, ihr eine Bandage um den Fang anzulegen. Sie unterzog sich dem Bad wie ein Stoiker, fraß einige Büchsen Sardinen wie ein kleiner Wolf und war zahm wie ein kleines Lamm.

Regelmäßig fuhren wir zu unserem Tierarzt in Skibbereen, der jeweils gerade von der Geburt eines Kalbes oder der Behandlung eines Pferdes zurück kam, sich dann mit unserem kleinen Mischling befaßte. Glücklicherweise kam niemand zu uns, der die Hündin zurückforderte oder irgendeine Unterbringung in einer ortsansässigen Familie vorschlug. So kam Bally mit nach London. Wenn uns Leute fragen, welcher Rasse sie angehöre, lautet unsere Antwort, sie sei ein West Cork Terrier. Sie zeigt be-

# DIE ZWEITE CHANCE

*Fernsehstar
Loyd Grossman
mit der von ihm
geretteten Hündin
Bally und Fami-
lienwestie Betty.*

Foto: Colin Poole

stimmt eine gewisse Familienähnlichkeit mit hunderten von Terriern im Besitz von Zigeunern und Farmern, wie man sie im Westen von Irland häufig antrifft. Sie hat lächerlich lange Ohren, einen riesigen Körper, große Pfoten, schmale Läufe, einen lederartigen Bauch und ein unbeschreibliches Fell. Meist gibt sie sich etwas einfältig, ist aber immer höflich, dickköpfig wie alle Terrier und den Kindern gegenüber sehr liebevoll. Wir haben sie Bally genannt, eine Abkürzung für Ballydehob, die kleine Stadt wo unsere Liebe begann".

## SUCHHUNDE

Unsere ersten Erlebnisse mit Hunden, die eigens zur Suche nach bestimmten Substanzen ausgebildet wurden, hatten wir in den 1950er Jahren in Malaya. Die für die Polizeiarbeit eingesetzten Hunde gehörten zu den großen Gebrauchshunderassen, arbeiteten auf Fährte wie auch in Mannarbeit. Eines der Probleme bei der Anti-Guerrilla Kampagne bestand darin, Lebensmittelverstecke aufzuspüren, wo in der Regel Reis verborgen war. Zur Suche nach diesen Verstecken setzten wir dicke und ziemlich futtergierige, kleine Mischlinge ein, die den ganzen Dschungel durchsuchten, bis sie sich plötzlich rutewedelnd niedersetzten. Wenn man dann an dieser Stelle nachgrub, fand man meist einen Beutel Reis.

Heute werden Hunde vielfach zum Aufspüren von Drogen und Sprengstoffen eingesetzt. In erster Linie finden dabei Jagdhunde und Jagdhundmischlinge Einsatz, aber auch Vertreter der Diensthunderassen. Viele dieser Hunde stammen aus Tierheimzwingern, ein weiteres Beispiel dafür, daß diese Tiere nicht nur dem Menschen helfen, sondern auch Menschenleben retten und manchmal ihr eigenes dafür aufs Spiel setzen.

## HUNDE FÜR BEHINDERTE

Auf praktisch gleicher Grundlage wie die Ausbildung von Blindenführhunden arbeitet die Organisation *Dogs for the Disabled* mit Hunden, um Behinderten in allen Alltagsdingen zu helfen, zu denen sie selbst nicht in der Lage sind. Allgemein setzt diese Organisation Hunde ein, die aus Tierheimen kommen. Hiermit erreichen sie zwei Ziele, zum einen, der Hund dient dem Menschen, zum anderen findet er ein liebendes Zuhause. Sehr wesentlich beruht der Erfolg dieses Systems auf dem Aufeinanderangewiesensein und dem Respekt und Verständnis zwischen zwei Lebewesen, die beide viele Schmerzen und Feindlichkeiten erleben mußten. Die Organisation *Dogs for the Disabled* setzt auch eigens gezüchtete Blindenführhunde ein, die sich in einigen Anforderungen für die Blindenführhundearbeit nicht als ausreichend qualifiziert zeigten, dennoch sehr erfolgreich Behinderten helfen können.

Die Berichte der *"Organisation Dogs for the Disabled"* stecken voller Einzelschicksale von Tierheimhunden, die ihrem gehandicapten neuen Besitzer wichtige Dienste leisten. Da gibt es zahlreiche Aufgaben, die uns selbst leichtfallen, beispielsweise das Öffnen einer Tür, das Aufheben eines auf den Boden gefallenen Bleistifts, Aufgaben, die aber für den Behinderten möglicherweise sehr schwierig, ja unmöglich sind. Die Hunde bringen diesen Menschen Unabhängigkeit, verhelfen zu einem neuen Leben. Es dauert meist etwa ein Jahr, um einen Hund so auszubilden, damit er den individuellen Ansprüchen des Behinderten entspricht. Häufig werden für diese Aufgaben Hunde des Typs Border Collie eingesetzt, freundliche Hunde, die nicht zu schwergewichtig sind.

So leidet beispielsweise Gina an einer Atrophie der Wirbelsäulenmuskulatur und ist seit ihrem vierten Lebensjahr auf den Rollstuhl angewiesen. Als sie zwanzig Jahre alt war, sagten ihr die Ärzte, sie habe nur noch 10 bis 15 Jahre zu leben. Dann trat "Ben", ein liebenswerter Deutscher Schäferhund in ihr Leben. Nachdrücklich weist heute Gina die Voraussage über ihre Restlebenszeit zurück. Sie drückt es so aus: "Ich

*Behindertenhund Poppy mit seiner Besitzerin Amanda.*

Foto: Dogs for the Disabled

kann doch überhaupt nicht vor "Ben" sterben, denn wer anders könnte sich sonst um ihn kümmern?"

Ann Greenwood verbrachte ihr Leben mit Pferden. Ehe sie auf den Rollstuhl angewiesen war, unterhielt sie einen eigenen Reitstall. Ihre Behinderung brachte es mit sich, daß sie nicht mehr reiten konnte, auch das Fahren mit Pony und Wagen war ohne Hilfe ihrer Freunde unmöglich. All dies veränderte dann "Shep", ein Border Collie, ausgebildet durch *Dogs for the Disabled.* "Shep" hatte man auf der M6 aus dem Auto geworfen. Er jagte jedem blauen Wagen nach, in der vergeblichen Hoffnung, er gehöre seinem alten Besitzer. Als man ihn endlich einfangen konnte, hatte er sich alle Pfoten so wundgelaufen, daß er überhaupt nicht mehr gehen konnte. Über drei Wochen mußte er überall hin getragen werden, selbst um sich zu lösen. Die Erinnerung an dieses schreckliche Trauma war tief in ihm verwurzelt. Als etwa drei Jahre später Ann mit "Shep" über die M5 fuhr, um an einer Fernsehsendung teilzunehmen, näherten sie sich einem verkehrsreichen Autobahnabschnitt ähnlich dem, auf dem man "Shep" gefunden hatte. "Shep" liebte es für gewöhnlich sehr Auto zu fahren. Hier begann er plötzlich aufzuheulen, sein ganzer Magen revoltierte. Irgend etwas hatte sein Unterbewußtsein berührt, Erinnerungen an das Trauma wiederbelebt, das er durchleiden mußte.

Heute ist "Shep" ein sehr fröhlicher Hund. Als er Ann übergeben wurde, verstand er vierzig einzelne Kommandos. Er konnte das Telefon durch Abheben und zu Ann bringen bedienen, er konnte Lichter an- und ausschalten, einzelne Gegenstände aufheben und apportieren. Inzwischen hat sich sein Repertoire auf über einhundert verschiedene Worte und Aufgaben erweitert. Ein Fernsehteam zeigte sich über alle seine Fähigkeiten außerordentlich überrascht. Ann antwortete: "In Ordnung, ich werde ihm beibringen, einen von Euch nach seinem Namen zu identifizieren." Sie brauchte keine halbe Stunde, schon hob "Shep" den angeforderten Gegenstand auf und brachte ihn der Person, deren Namen ausgesprochen wurde. Bei vielen Problemen versuchte der Hund selbst, seine eigene Lösung zu finden. Eines dieser Probleme war es, die Stalltüre zu öffnen und zu schließen. Im Normalfall zieht er dafür an einem hängenden Seil. Eines Tages machte der Wind diese Aufgabe unmöglich. Nach mehreren Versuchen fand "Shep" seine eigene Lösung. Er sprang hoch, hängte sich selbst auf die untere Tür, so daß sein Körpergewicht die Tür schloß. Pferden gegenüber zeigt er keinerlei Furcht, steht immer bereit, um Pflegebürsten und Futterschüsseln herbeizutragen. Fröhlich läuft er unter einem Pony durch, bringt den Sattelgurt zur anderen Seite, so daß Ann ihn festziehen kann. Ein winziges Shetland Pony brachte ihn in einige Verwirrung. Dessen Bauch hing so tief, daß "Shep" nicht unter ihm hergehen konnte. Letztendlich fand er es aber doch heraus, daß es möglich war, wenn er mit dem Sattelgurt im Fang unten durchrobbte.

Zu seinen weiteren täglichen Aufgaben gehört ein Besuch beim fahrbaren Einkaufsmarkt, der am Straßenende stoppt. Er macht sich auf den Weg, trägt einen Korb mit Einkaufsliste und Geld, kommt mit Einkäufen und Wechselgeld zurück. Ann ist Musiklehrerin an der Schule. Bei der gemeinsamen Ankunft bellt "Shep", damit die Rampe aufgebaut wird. Bei den Kindern ist er der große Liebling. Ein Kind, das durch einen anderen Hund einmal völlig verängstigt wurde, fand durch die Freundlichkeit von "Shep" wieder volles Vertrauen zu Hunden. "Shep" ist immer an Ann's Seite, hat dabei soviel Arbeit, daß er eine besonders proteinreiche Ernährung braucht. Vierundzwanzig Stunden ist er täglich dienstbereit, aber dies hindert ihn nicht, gelegentlich auszuruhen und mit anderen Hunden zu spielen. Wie viele gutartige Hunde hat er viel eigenen Bewegungsdrang, spielt dabei nur zu gerne mit Ann, vergißt dabei aber nie seine Verantwortung und Aufgaben.

"Shep hat dadurch, daß er für mich lebt, meine ganze Existenz verändert," berichtet Ann. "Er gab mir Unabhängigkeit, Freiheit und vor allem eine echte Partnerschaft. Auch wenn er nicht alle die Dinge ausführen könnte, die er schafft, wäre er dennoch mein bester Freund."

## HUNDE FÜR HÖRGESCHÄDIGTE

Hunde, die in den Organisationen *Guide Dogs for the Blind* und *Dogs for the Disabled* arbeiten, brauchen viel Geschicklichkeit, um Aufgaben zu erfüllen, die für ihre Besitzer unmöglich oder zumindest außerordentlich schwierig wären. Hunde, die für Hörgeschädigte arbeiten, sind so ausgebildet, daß sie die Aufmerksamkeit ihres Besitzers auf bestimmte Geräusche lenken. Bei einem tauben Besitzer ist es natürlich aussichtslos, wenn der Hund seine ihm angeborene Methode verwendet und durch Bellen versucht, dessen Aufmerksamkeit zu wecken. Stattdessen werden die Hunde so erzogen, daß sie eine Anzahl von Klängen zu unterscheiden vermögen, ihren Besitzer durch Pfotenberührung aufmerksam machen und ihn zur Quelle des Geräusches führen.. Sie lernen typische Geräusche wie Weckeruhr, Telefon, Türklingel, Babyalarm und Küchenuhr zu unterscheiden. Eine Ausnahme von den Standardreaktionen bezieht sich auf Feueralarm. Hierzu wird dem Hund beigebracht, den Besitzer aufmerksam zu machen, sich dann auf den Boden zu werfen, um die drohende Gefahr anzuzeigen.

Der Gedanke, das Hörvermögen des Menschen durch das des Hundes zu ersetzen, wurde in den USA mit einem eigenen *Hearing Ear Dog Program* entwickelt. Der erste in England auszubildende Hund wurde von Pat Riley, dem amerikanischen Ausbilder, 1982 aus den *National Canine Defence League Kennels* ausgewählt. Dieser Hund war ein ziemlich magerer weißer Mischling, mit großen, warmen, braunen Augen. Wie bei so vielen Tierheimhunden schien er darum zu betteln, ausgewählt zu werden. Man hatte ihn einjährig, an der Seite der M4 Autobahn entlangwandernd, aufgegriffen. Seine Ausbildung wurde von der amerikanischen Versicherungsgesellschaft *Mutual* aus New York gesponsort, und er erhielt den Namen "Favour".

Über mehr als zehn Jahre arbeitete "Favour" dann als Demonstrationshund und Helfer beim Auftreiben neuer finanzieller Mittel. Er wurde in Fernsehshows eingesetzt, man lernte seine Arbeit in zahlreichen Artikeln von Tageszeitungen und Magazinen kennen. Obgleich seine neue Karriere sich als großartiger Erfolg erwies, blieb "Favour" doch immer etwas flegelhaft, liebte es, sich in einer Art von seiner Arbeit zu entspannen, wie dies Straßenkinder nun einmal tun. Das Ergebnis war, er trug Ruhm - und einige Narben mit nach Hause. Nach zehn Jahren Tätigkeit setzte er sich, langsamer geworden, etwas steif in den Gelenken zur Ruhe. Dennoch wird er immer der Hund bleiben, der im Dienst der Hunde für den Menschen zu einer Art Pfadfinder wurde.

Die für Körperbehinderte ausgebildete Hündin "Sally Ann" wurde durch die Heilsarmee gesponsort und im Alter von 18 Monaten vom RSPCA übernommen. Sie hatte schon erste Versuche des Umsetzens als Tierheimhund hinter sich, war in drei Tierheimen einschließlich Battersea gelandet, aber noch immer ein fröhlicher, munterer und intelligenter Hund. Jetzt wurde sie zum ständigen Begleiter von Sara Head, einer tauben jungen Frau, die selbst Lehrerin für Gehörlose der *Derby's Royal School* ist. "Sally Ann" begleitet Sara Head in alle Klassen und bekommt als eigenes Symbol für gutes Benehmen einen Knochen auf der Klassenleistungstafel.

Wenn man eine ganze Reihe solcher Tatsachenberichte über gerettete Hunde liest, die sowohl für Behinderte wie Taube arbeiten, trifft man immer auf einen gemeinsamen Faktor. In jedem Fall bringen diese Hunde neben der Leistung aller Aufgaben, für die sie erzogen sind, ihren Besitzern Gesellschaft, Loyalität und große Liebe entgegen. Die therapeutische Hilfe, die diese Hunde bieten, ist bestimmt ebenso wertvoll wie die anerzogenen Aufgaben.

## DIE GESCHICHTE VON LOTTIE

Wenn man die Erfolge betrachtet, die Tierheimhunde und Besitzer erzielt haben, sollte man sich unbedingt immer die Situation und die Kondition des Hundes vor Augen halten, ehe die Rehabilitation begann. Je schlimmer das vorangegangene Leben des Hundes, um so größer der erreichte Erfolg. Die Geschichte von "Lottie" ist es wert, in diese Galerie des Ruhmes unserer Hunde aufgenommen zu werden.

"Lottie" ist eine Rottweilerhündin. Häufig las man sie in den Straßen im Süden Londons auf, die Polizei oder der RSPCA brachte sie ihren Besitzern, die als drogensüchtig und im allgemeinen etwas schwierig bekannt waren, zurück. Diese Besitzer hatten mit "Lottie" und einer anderen Hündin häufig gezüchtet, rein so zum Gelderwerb. Für einige Hunderassen müssen die Retter körperlich ziemlich robust sein, gleichzeitig mildherzig und freundlich. Als "Lottie's" häufige Aufenthalte in den Polizeizwingern bekannt wurden, legte man fest, daß, wenn ihr nächster Besuch mehr als die gesetzlich vorgeschriebenen sieben Tage dauern würde, sie an eine der Rasse-Rettungsstationen übergeben werden sollte. Natürlich ist dies nicht das einzige Mal, daß Tierfreunde es für notwendig finden, einen Hundebesitzer "zu überreden", daß sein Hund am besten zu einem neuen Besitzer wechseln sollte. Kurze Zeit später kam "Lottie" im "Rottweiler Welfare" an.

Ihr Zustand kann am besten von Pauline, einer Mitarbeiterin der Organisation, die sie annahm, beschrieben werden: "Ich kann meine Gefühle, als ich 'Lottie' erstmals sah, überhaupt nicht richtig beschreiben. Ein Ohr war völlig durchgerissen, der Riß verlief über ihren ganzen Kopf und bis hinunter über den Augenwinkel. Die Hälfte des anderen Ohres fehlte. Auf ihrer linken Flanke gab es eine große, offene Fleischwunde. Ihre Läufe waren von Brandwunden bedeckt, wahrscheinlich hatte man Zigaretten darauf ausgedrückt. Es ist anzunehmen, daß sie, mit Maulkorb versehen, als 'bait' (Übungstier) für Hundekämpfe mißbraucht wurde."

Wenn man sich diese Mißhandlung vor Augen hält, könnte man sicherlich verstehen, wenn "Lottie" die gesamte Menschheit hassen würde, aber nichts davon. Pauline berichtet weiter: "Sie war eine so liebevolle, freundliche und vertrauensvolle Hündin.. Ich wollte sie einfach behalten, sie lieben, ihr sagen, daß niemals irgend jemand sie wieder verletzen darf."

"Lottie" gewöhnte sich sehr schnell ein. Sie freundete sich mit den anderen Rottweilern an, wahrscheinlich wurde sie auch etwas verwöhnt, was sie bestimmt verdient hatte. Sie durfte im Haus schlafen, erhielt eine ganze Menge zusätzliche Streicheleinheiten. Ihr wohlgesonnene Rottweilerfreunde unternahmen eine Sammlung, um sie kastrieren zu lassen und für ihren Unterhalt zu sorgen. Der Tierarzt stellte fest, sie sei geradezu ein Musterpatient, und er war zutiefst beeindruckt von ihr. Nach der Operation schlief Pauline mit "Lottie" in der Diele, denn Pauline wollte nicht, daß sie trauerte.

Von Anfang an zeigte "Lottie" keinerlei Zeichen von Aggressionen, aber sie fürchtete sich vor Männern, was nach ihrer Vergangenheit bestimmt niemanden überraschte. Erstmals trafen wir mit "Lottie" zusammen, als sie einige Monate nach der

*Die Rottweiler-Hündin
"Lottie" trägt noch
immer die Narben
aus ihrem früheren Leben.
Heute ist sie das Maskottchen des "Rottweiler
Welfare Systems", hilft
finanzielle Mittel aufzu-
treiben.*

Foto: Rottweiler Welfare

Übernahme ihren ersten Auftritt auf einer großen Hundeausstellung hatte. Bestimmt konnte niemand sie mit ihren zerrissenen Ohren und all den Körpernarben, die rot und zerklüftet offenlagen, eine Schönheit nennen. Aber trotz all dieser körperlichen Schäden schien ihr Charakter unbeschädigt. Viele Hundefreunde, die sie sahen, hatten einen Kloß in der Kehle, Tränen in den Augen, aber sie bezauberte jeden durch ihr liebenswürdiges Wesen. Sie faszinierte auch die Öffentlichkeit, füllte die Sammelbüchse des "Rottweiler Welfare", und die Industriestandbesitzer schenkten ihr große Mengen ihrer Produkte.

Nach ihrem ersten Auftritt wurde entschieden, sie solle zum Maskottchen des "Rottweiler Welfare" werden. Da Pauline sehr stark mit der Betreuung anderer Rottweiler befaßt war, konnte sie leider "Lottie" nicht all die Liebe zuwenden, die sie verdiente. Deshalb zog "Lottie" zu Lynn um. Jetzt genießt sie, zusammen mit fünf anderen Hunden, das Leben auf dem Land. "Lottie" arbeitet heute sehr hart, um all denen, die ihr geholfen haben, beizustehen. Sie qualifizierte sich als PAT (Pets as Therapy - Therapiehund), macht regelmäßige Besuche in Altenheimen, wo sie vielgeliebt ist und verwöhnt wird. Weiterhin gehören regelmäßige Auftritte bei Wohlfahrtsorganisationen zu ihren Aufgaben. Dabei sammelt sie für Menschen wie Tierhilfsorganisationen, vergißt dabei nicht ihr eigenes, von ihr betreutes Altenheim. Sie bestand eine strenge Prüfung auf typischen Rottweilercharakter mit der Note vorzüglich, erhielt für ihren Mut, ihre Hingabe und ihre Arbeit für die Wohlfahrt die *Baunce Super Dog Medal* und viele weitere Auszeichnungen. Sie ist heute für öffentliche Auftritte, einschließlich *Cruft Personality Parade* gefragt und hat zahlreiche Fernsehveranstaltungen viel interessanter gemacht.

"Lottie" muß als ein herausragendes Beispiel für einen Hund gesehen werden, der sich über den Mißbrauch durch den Menschen hinweggesetzt hat. Neben diesem großartigen Erfolg hat sie viel dazu beigetragen, das unfair verzerrte Ansehen der Rasse wieder zurechtzurücken, das durch eine unverantwortliche Kampagne gegen Rottweiler entstanden war.

## LIEBLINGE DER FAMILIEN

Die größte Erfolgsgeschichte in Sachen Tierheimhunde ist am wenigsten spektakulär und um so überzeugender. Es gibt heute viele tausend frühere Tierheimhunde, die als normale Hunde in normaler Umwelt glücklich leben. Ihre Besitzer haben alle Schwierigkeiten, seelischen Belastungen und Ausgaben, die nun einmal das Umsetzen von Tierheimhunden mit sich bringt, erfolgreich gemeistert. Und gerade dies sind die wahren Erfolgsgeschichten! Wir haben eine große Anzahl geretteter Hunde in ihrem neuen Zuhause besucht, dabei festgestellt, daß ihre Besitzer sich völlig diesem Hundetyp verschrieben haben. Einige Hundefreunde besaßen bereits die vierte Generation von Hunden aus Tierheimen. Andere wiederum waren von dem ersten Hund, dem sie eine neue Heimat geschenkt hatten, so beeindruckt, daß sie sich auf den Weg machten und noch einen oder sogar zwei weitere zu sich nach Hause holten.

Bei einem unserer Besuche erwarteten wir, nur "Samantha", eine gerettete Beaglehündin, zu treffen. Sie lebte jetzt über sechs Jahre bei ihrem neuen Besitzer. Es war ihr dritter Platz, die beiden ersten hatte sie ziemlich demoliert. Um fair zu sein, dies geschah in ihrem ersten Lebensjahr. Heute hat sich ihr Charakter so entwickelt, daß sie nur noch als die *Duchess (Herzogin)* angesehen werden möchte. Ihr musterhaftes Verhalten brachte ihre Besitzer dazu, einen Beagle im Taschenformat zu erwerben. Sie nannten ihn "Boots". Der Name ist eine Abkürzung des Schlagers *these boots were made for walking.* Dieser Hund stammte aus einem Tierheim, stand für jedermann bereit, der keinen eigenen Hund besaß, aber gerne Hunde spazieren führte. Niemand brauchte diesen Hund. Sein heutiger Besitzer hatte Mitleid mit dem kleinen Mauerblümchen und nahm ihn mit nach Hause. So wurde "Boots" zur Nummer zwei.

Nummer drei war "Maxwell", mehr ein Harrier als ein Beagle, dem das Schicksal gnädig war. Nach einer Befreiungsaktion auf eine Einrichtung, wo Hunde zu Forschungszwecken gezüchtet wurden, fing man "Maxwell" ein und brachte ihn in ein Tierheim. Durch seinen Aufenthalt in freier Umwelt war er für das Versuchslabor in klinischer Hinsicht nicht mehr länger steril, für die weitere Forschung daher unbrauchbar. So kam "Maxwell" als Dritter im Bunde zu "Samantha" und "Boots".

Die erste Zeit mit "Samantha" war schlimm. Sie fühlte sich offensichtlich völlig unsicher, zwar gab es keine Einzelheiten ihrer Vorgeschichte, aber offensichtlich wurde sie ausgesetzt, weil ihr Besitzer nicht mit ihr zurecht kam. Sie versuchte Angst und Frustration durch Kauen und Zerstören des Mobiliars abzureagieren. Als Mensch hätte sie begonnen, die Fingernägel abzukauen oder zu rauchen. Es dauerte ein Jahr und bedurfte mehrerer Ausflüge in Gebrauchtmöbelmärkte. Aber langsam begann sie zu erkennen, daß ihr neues Zuhause ihr Liebe und Sicherheit bot, sie es deshalb auch nicht länger nötig hatte, ihre Nerven durch Kauen zu beruhigen.

"Boots" machte wenig Probleme. Er war so klein, daß er an viele Orte gelangen konnte, wo ihn die anderen Hunde nicht erreichten. Einer dieser Plätze ist das Sims über dem Kamin im Wohnzimmer. Diesen Zufluchtsort erreicht er über die Sessellehne, dann kauert er sich nieder, blickt herunter wie ein lebendes Staffordshiremodell. "Boots" liebt das Jodeln. Sein ziemlich schrilles Heulen wird von "Samantha" erwidert, während "Maxwell" die Baßpartie übernimmt.

"Maxwell" war praktisch ohne irgendwelchen Kontakt mit der Außenwelt in einem Zwinger geboren und aufgezogen worden. Er war nahezu wie ein Wildhund, fürchtete sich vor allen Alltagsgeräuschen wie Radio oder Waschmaschine. Mit Ausnahme der wenigen Menschen, die ihn gefüttert hatten, seinen Zwinger reinigten, kannte er keinen Menschen. Er zeigte keine Aggression Menschen gegenüber, aber auch keinerlei Zuneigung, verhielt sich ihnen gegenüber völlig uninteressiert. Es handelte sich um einen Hund, der als neutrales, steriles, standardisiertes Lebewesen einzig und allein für Forschungszwecke produziert war. Es gab keinerlei Erziehung zur Stubenreinheit. Das eigene Lager verunreinigte er nicht, aber überall sonst, einschließlich mitten auf dem Wohnzimmerteppich, war nach seiner Meinung ein guter Löseplatz.

Sehr langsam faßte er zu seinen neuen Besitzern Vertrauen. Die Lösung für fehlende Stubenreinheit war ein Käfig mit einer weichen Unterlage, die den ganzen Käfigboden bedeckte. In diesem Käfig schlief er und war glücklich. Aber es war unbedingt notwendig, ihn beim Aufwachen direkt nach draußen zu bringen. Für ihn wurde der Käfig zum wichtigen Zufluchtsort. Das zeigte sich auch daran, daß er als intelligenter Hund schnell lernte, mit der Pfote den Verschluß zur Käfigtür selbst zu öffnen, wenn er sich in Sicherheit hierhin zurückziehen wollte. Es dauerte achtzehn Monate und bedurfte unendlicher Geduld, um "Maxwell" davon zu überzeugen, daß man im Haus stubenrein sein mußte, und daß er beides, ein Zuhause und eine gute Zukunft, gefunden hatte. Auch er hatte seinen Anteil an den Zerstörungen im Haus, dazu gehörten Bücher im Wert von etwa 20 Pfund, die einem Freund gehörten und diesem ersetzt werden mußten.

Als Gruppe waren diese drei Hunde miteinander völlig glücklich. Als Jagdhunde lag es ihnen, bei Spaziergängen und dem Anblick eines Kaninchens sich in eine Meute zu verwandeln. Ihre Besitzer haben für sie viel Zeit, Geld und Verständnis aufbringen müssen. Als Ausgleich besitzen sie heute drei Hunde, die sich nicht nur gut benehmen, sondern sie lieben und wiedergeliebt werden.

"Tessa" lebt in einem Dorf in einem kleinen Haus. Es ist ein lebendiges Haus, bequem, voller Gegenstände, entsprechend den vielfältigen Interessen der Familie. Der vorausgegangene Hund war im Alter von neun Monaten aus einem amerikanischen Luftstützpunkt verstoßen worden, hatte bis zum hohen Alter von siebzehn Jahren in der Familie gelebt. Auf der Suche nach dem richtigen neuen Hund fuhr die Familie zum Heydon Animal Shelter. Beim Spaziergang durch einen Zwinger, in dem es eine Unzahl von Hunden aller Größen und Formen gab, entschied eine Hündin, daß sie jetzt die Familie gefunden habe, die sie schon immer wollte. Sie folgte ihnen auf Schritt und Tritt, war fest entschlossen, sich auswählen zu lassen. So baten die Besucher das Tierheim, sie bis zum Wochenende für sie reserviert zu halten.

Der Bericht des Vorbesitzers über "Tessa" klang furchterregend Sie sei unkontrollierbar, werfe sich gegen die Wände und habe Anfälle, bestimmt nicht gerade die Art von Referenzen, die "Tessa" besonders attraktiv machten. Aber viele Tierfreunde, die einen solchen Hund bei sich aufnehmen, sind der Meinung, daß es nur wenige Hunde gibt, bei denen keine Hoffnung besteht, ja, manche suchen eine solche Herausforderung. So war "Tessa" entweder glücklich oder vielleicht besonders clever, jedenfalls hatte sie einen solchen Besitzer gefunden. Über die ersten Tage ging alles gut. "Tessa" schien ihre eigene Lebensnische gefunden zu haben. Dann kam aber der Zeitpunkt, daß die Familie gemeinsam ausgehen mußte, und "Tessa" blieb einige Stunden alleine zu Hause. Als die Familie zurückkam, trafen sie schon auf der Türschwelle einen beunruhigten Nachbarn. Er meinte: "Ich weiß nicht, was los ist, aber in Eurem Haus gibt es einen schrecklichen Lärm."

Im Wohnzimmer fanden sie "Tessa". Sie saß auf einem großen Berg, der alles umfaßte, was sie aus dem Wohnzimmer und der Küche an beweglicher Habe auftreiben konnte. Die Vorhänge waren heruntergerissen und auf die Kissen gehäuft. Bücher, Pflanzen und Bilder lagen mit auf dem großen Haufen. Der einzige Zugang, den "Tessa" zur Küche hatte, war eine Durchreiche, etwa 1,20 Meter über dem Fußboden. Durch diese Lücke hatte sie Töpfe, Pfannen und alles andere, was sie tragen konnte, herangeschleppt. Sie mußte die ganze Zeit über sehr hart gearbeitet haben, so war es nicht überraschend, daß die Nachbarn sich über den Lärm wunderten. Aber trotz dieser massiven Umräumarbeiten war nichts wirklich zerrissen oder zerbrochen.

Im Garten wurde ein Auslauf aufgebaut, und dreimal demolierte "Tessa" die Tür. Als diese nicht mehr anzukauen war, zerriß sie stattdessen den Draht. Es war eindeutig: nachdem Tessa ihre Familie gefunden hatte, war ihre große Sorge, sie könnte sie wieder verlieren. Die Angst, daß sie nicht zurückkommen könnte, war zuviel für ihre Nerven. Über ein ganzes Jahr wurde "Tessa" nun nie mehr allein gelassen. Glücklicherweise lebten im gleichen Dorf einige Familienmitglieder, die "Tessa" liebten. Umschichtig halfen sie als "Babysitter". Am Ende dieser Zeit nahmen ihre Besitzer "Tessa" im Caravan mit auf eine Ferienreise. Da sie die ganze Zeit ihre Menschen um sich hatte, benahm sie sich vorzüglich. Aber als sie sich auf der Heimfahrt dem Zuhause näherte, begann sie zu wimmern und wurde ruhelos. Zuhause angekommen, lief sie den Gartenweg hoch, durch die Vordertür und machte es sich mit einem deutlich erkennbaren Seufzer der Erleichterung bequem. Wieder zu Hause! Ferien sind schon gut, aber nichts ist so schön wie zu Hause. Von diesem Zeitpunkt an war "Tessa" ein Musterhund. Endlich wußte sie, daß sie gerettet war, sicher für den Rest ihres Lebens.

"Tessa's" Besitzer sind begeisterte Bastler, und die Hündin liebt es, ihnen zu helfen. Für sie sind Leitern etwas, worauf ein Hund hochklettert. Schnell entdeckte sie, daß sie weit mehr sehen kann, wenn sie oben auf der Leiter sitzt. Sie liebt die Gesellschaft, vermag durchaus Türen zu öffnen, so daß sie sich dann Partys anschließen kann. Sie besteht darauf, im Mittelpunkt zu stehen, springt auf den Tisch, wenn sie das Gefühl hat, vernachlässigt zu werden. Sie liebt die Enkelkinder, fröhlich schleppt sie gleichzeitig drei Leinen heran, damit sie alle auf einmal mit ihr spazieren gehen. Es gibt noch einige Dinge, die sie in Erregung versetzen, beispielsweise heult sie, wenn das Telefon klingelt. Aber ihre Besitzer wissen: "hinter jedem geretteten Hund steht eine Vergangenheit, die immer auf der Lauer liegt."

## WETTBEWERBSERFOLGE

Die meisten geretteten Hunde sind von mittlerer Größe, aber "Louis", ein Mischling zwischen Deutschem Schäferhund und Tervueren, und "Storm", ein Berner Sennenhund, gehören in die Kategorie der großen Hunde. "Louis" war einer von dreißig

Hunden, die durch den RSPCA in einem Zwinger beschlagnahmt wurden. Er war achtzehn Monate alt, mit Räude bedeckt, er war nie in einem Haus gewesen und erwies sich als völlig unsozialisiert. In gewissem Maß leidet der Hund noch bis heute an Platzangst.. Lange Zeit verbrachte er in seinem neuen Zuhause am Ende des Gartens, wo er saß und heulte. Obgleich er jetzt im Schlafzimmer seines Besitzers schläft, müssen alle Türen, einschließlich der Ausgangstür zum Garten, immer offen sein. In bestimmten Abständen trottet er nachts über die Treppen hinunter, hinaus in den Garten und vergewissert sich, daß noch ein Fluchtweg offen ist. Anfänglich zeigte er seine Unsicherheit, indem er Gegenstände im Garten vergrub. Nein, nicht nur einen einzelnen Knochen, sondern größere Gegenstände, wie große Büchsen mit Fleisch oder den ganzen Inhalt des Waschkorbs. Eines Tages war seine Besitzerin verblüfft, es fehlten ihr mehrere T-Shirts ihrer Kinder. Plötzlich sah sie einen kleinen T-Shirt-Zipfel aus einem der Blumenbeete herausragen und schnell fand sie die fehlenden Kleidungsstücke.

Es dauerte sechs Monate, bis "Louis" sich eingewöhnt hatte. Wenn Du ihn heute besuchst, begegnest Du einem großen, freundlichem Hund, der völlig ruhig neben seinem Besitzer sitzt. Er zeigt keinerlei Abneigung gegen Deine Anwesenheit, aber er ignoriert Dich völlig oder läuft weg, wenn Du versuchst, ihn zu streicheln. Periodisch kontrolliert er, ob die Tür nach hinten noch offen steht. Er erkennt eine vierzehn Jahre alte Katze als Boß an, erlaubt einem zwanzigjährigen Kater, ihn als sein Bett zu benutzen. "Louis" hat über dreißig Auszeichnungen in Unterordnungswettbewerben und auf Schönheitsschauen, zu denen auch Mischlinge zugelassen sind, gewonnen. Er ist ein sehr hübscher und beeindruckender Hund, fällt jedem Hunderichter ins Auge und ist genau der Typ Hund, den man am liebsten mit nach Hause nimmt .

Genau gesehen ist "Storm" nicht wirklich ein geretteter Hund. Er wurde von seinem Züchter zurückgekauft, nachdem er sich an drei verschiedenen Plätzen als unkontrollierbar erwiesen hatte. Aber nach sechs Monaten der Geduld und Liebe ist er jetzt in seiner Familie eingegliedert und zeigt keinerlei Anzeichen mehr von Zerstörungen, die ihm früher einmal nachgesagt wurden.

Diese beiden großen Rüden leben heute problemlos zusammen, und man hat geradezu das Gefühl, daß sie sich fest aufeinander verlassen und gemeinsam mit der Welt fertig werden. Ihre Besitzer haben sich über viele Jahre um geistig behinderte Kinder gekümmert. Wahrscheinlich waren dies die Qualitäten, die es ihnen ermöglichten, die Probleme menschlicher Teenager wie auch von traumatisierten Hunden zu lösen.

## *Wichtige Adressen Tierschutz*

### Schweiz
Zürcher Tierschutz, Zürichbergstraße 263, Postfach, CH-8044 Zürich.
Schweizerische Gesellschaft für Tierschutz, Pro Tier, Alfred Escherstr. 76, CH-8002 Zürich.
Veto, Verband der Tierschutzorganisation Schweiz, Morgentalstr. 34, CH-8038 Zürich.
Tierfundbüro, Tiéchestraße 17, CH-8037 Zürich.
Refugium Kleintierheim Stiftung, Dübendorferstr. 311, CH-8051 Zürich.
Tierhilfe Zürich, Brunnwiesenstr. 42, Postfach, CH-8027 Zürich.

# DIE ZWEITE CHANCE

## Österreich
Österreichischer Tierschutzverein, Arndtstraße 57, A-1120 Wien,
Tel.: 0222/893 61 06.
Wiener Tierschutzverein, Khleslplatz 6, A-1120 Wien, Tel.: 0222/804 77 74-0.

## Deutschland
Deutscher Tierschutzbund e.V., Geschäftsstelle, Baumschulallee 15, 53115 Bonn,
Tel.: 0228/63 10 05, Fax: 0228/63 12 64.
Deutscher Tierschutzbund, Landesverband Baden-Württemberg e.V.,
Unterfeldstr. 14b, 76149 Karlsruhe, Tel.: 0721/70 45 73, Fax: 0721/70 53 88.
Deutscher Tierschutzbund, Landesverband Bayern e.V., Bernatzkistraße 16,
81929 München, Tel.: 089/93 26 91, Fax: 089/9 30 52 36.
Deutscher Tierschutzbund, Landesverband Berlin e.V., Dessauerstr. 21-27,
12249 Berlin, Tel.: 030/76 88 80-0, Fax: 030/7 72 10 66.
Deutscher Tierschutzbund, Landesverband Brandenburg e.V., Berliner Str. 38,
13189 Berlin, Tel.: 030/4 72 94 96.
Deutscher Tierschutzbund e.V., Landesverband Bremen, Hemmstr. 491,
28357 Bremen, Tel.: 0421/35 22 14, Fax: 0421/37 49 57.
Deutscher Tierschutzbund e.V., Landesverband Hamburg, Postfach 26 14 54,
20504 Hamburg, Tel.: 040/2 11 10 60, Fax.: 040/21 11 06 38.
Landestierschutzverband Hessen e.V., Postfach 18 26, 61408 Oberursel,
Tel.: 06171/2 27 65, Fax: 06171/2 65 53.
Deutscher Tierschutzbund, Landesverband Mecklenburg-Vorpommern e.V., Thier-
felder Str. 19, 18059 Rostock, Tel.: 0381/4 00 12 50, Fax: 0381/4 00 12 50.
Deutscher Tierschutzbund, Landesverband Niedersachsen e.V., Gänseweide 16,
38542 Leiferde, Tel.: 05373/32 55, Fax: 05373/32 72.
Landestierschutzverband Nordrhein-Westfalen e.V., Kleinherbeder Str. 23,
44892 Bochum, Tel.: 0234/29 59 49.
Deutscher Tierschutzbund, Landesverband Rheinland-Pfalz e.V., Zwerchallee 13-15,
55120 Mainz, Tel.: 06131/62 54 91, Fax: 06131/68 45 80.
Deutscher Tierschutzbund, Landesverband Saarland e.V., Danziger Str. 30,
66121 Saarbrücken, Tel.: 0681/81 31 29.
Deutscher Tierschutzbund, Landesverband Sachsen e.V., Johann-Sebastian-Bach-
Str. 2., 09599 Freiberg, Tel.: 03731/2 21 18, Fax: 03731/2 21 18.
Deutscher Tierschutzbund, Landesverband Sachsen-Anhalt e.V., Fritz-Heckert-Str. 40,
39576 Stendal, Tel.: 03931/41 13 45, Fax: 03931/41 13 45.
Deutscher Tierschutzbund, Landesverband Schleswig-Holstein e.V., Brockdorff-
Rantzau-Str. 9, 24837 Schleswig, Tel.: 04621/3 26 81, Fax: 04621/3 62 11.
Landestierschutzverband Thüringen e.V., Robert-Koch-Straße 25, 99096 Erfurt,
Tel.: 0361/3 54 03.
Deutsche Tierschutzjugend im Deutschen Tierschutzbund e.V., Vinckestr. 91,
44623 Herne, Tel.: 02323/5 16 16.

# DAS BESONDERE HUNDEBUCH

Anne Rogers Clark / Andrew H. Brace

# KYNOS GROSSER HUNDEFÜHRER

## The International Encyclopedia of Dogs

### Redaktion : Dr. Dieter Fleig

496 Seiten Großformat, ca. 450 Farbfotos
DM 110,-

In Zusammenarbeit führender Verlage in USA, England und Deutschland erscheint dieses umfassende Werk. Mit herausragenden Profi - Fotos und fachkundigen Texten werden, mit Stand Juni 1995, alle von der FCI, den Kennel Clubs in Amerika, England und Canada anerkannten Hunderassen ausführlich vorgestellt.

Ein Traumteam der besten Hundekenner der Welt führt den Leser durch populäre wie auch nahezu unbekannte, dafür umso faszinierendere Hunderassen. Auch Rassen, die - noch - nicht anerkannt sind, kynologisch aber Bedeutung haben, wurden voll aufgenommen.

Aber nicht nur äußere Formen oder schöne Fotos zeigt dieser Führer, vor allem erfährt der Leser, ob die Rasse in ihrem Charakter, Bewegungsablauf, Pflege und Haltungsanforderungen zu ihm paßt.

*Diese Encyclopedia führt den richtigen Hund zum richtigen Hundefreund !*

**KYNOS VERLAG  Dr. Dieter Fleig GmbH  Am Remelsbach 30
D-54570 Mürlenbach   Tel. 06594 - 653   Fax. 06594 - 452**